"十二五"职业教育国家规划教材
经全国职业教育教材审定委员会审定

U0652273

民航服务心理与实务

MINHANG FUWU XINLI YU SHIWU

主　编◎魏全斌
副主编◎斐明学　雷朝晖　贺文宁　李　琼

北京师范大学出版集团
BEIJING NORMAL UNIVERSITY PUBLISHING GROUP
北京师范大学出版社

图书在版编目（CIP）数据

民航服务心理与实务／魏全斌 主编 ． － 北京：北京师范大学
出版社，2014.3（2024.3 重印）
ISBN 978-7-303-15280-3

Ⅰ．①民… Ⅱ．①魏… Ⅲ．①民航运输－商业心理学
－高等职业教育－教材 Ⅳ．①F560.9

中国版本图书馆 CIP 数据核字（2012）第 189571 号

图书意见反馈 zhijiao@bnupg.com
营销中心电话 010-58802755 58800035
编辑部电话 010-58802751

出版发行：北京师范大学出版社 www.bnupg.com
北京市西城区新街口外大街 12-3 号
邮政编码：100088
印　刷：唐山玺诚印务有限公司
经　销：全国新华书店
开　本：787 mm×1092 mm　1/16
印　张：16
字　数：250 千字
版　次：2014 年 3 月第 2 版
印　次：2024 年 3 月第 30 次印刷
定　价：34.80 元

策划编辑：姚贵平　庞海龙　　　责任编辑：庞海龙
美术编辑：高　霞　　　　　　　装帧设计：吴乾文
责任校对：李　菡　　　　　　　责任印制：马　洁　赵　龙

全国高等职业学校航空服务专业系列教材建设企业专家指导委员会名单

（按姓氏笔画排序）

王继营　深圳航空公司维修工程部总经理助理

王培立　上海机场贵宾服务公司总经理

卢　荃　一汽大众人力资源部（机务）部长

石国庆　原国航西南飞机维修基地党委书记、亚太地区
　　　　知名机务专家

刘　桦　成都航空旅游职业学校特级教师、四川省学术
　　　　技术带头人

张可宝　上海虹桥国际机场安检站站长

张　波　厦门高崎国际机场安检站站长

张睿珠　广州白云国际机场安检站副站长

李　元　四川新力航空技术有限公司（机务）总经理

陈方贵　福州长乐国际机场总经理助理

陈铁民　中国民用航空厦门安全监督管理局局长、党委
　　　　书记

陆建华　上海浦东国际机场安检站站长

周洪清　广州白云国际机场安检站站长

赵　萍　深圳宝安国际机场安检站站长

唐世荣　成都双流国际机场安检站书记

夏　静　成都双流国际机场安检站副站长

裴明学　重庆江北国际机场安检站站长

魏全斌　四川泛美（航空）教育投资有限责任公司董事长、
　　　　职业教育专家

《国家中长期教育改革和发展规划纲要（2010—2020年）》明确提出：中等职业教育与高等职业教育协调发展，构建现代职业教育体系，增强职业教育支撑产业发展的能力。职业教育为社会、经济和人的发展服务成为职业教育理论工作者与实践工作者的共识。

近年来，随着社会、经济的进步，民航业得到空前的发展。民航业的大发展需要大量道德高尚、素质优良、技能娴熟的一专多能的民航服务人才。正因为如此，一批办学理念先进、教学与实习实训设备精良、师资力量雄厚的民航服务类学校或专业应运而生，为促进民航服务业的发展做出了重要贡献。

要培养高素质的民航服务人才，离不开高质量的学校，离不开高水平的教师，更离不开理念先进、内容丰富、形式新颖的精品教材！为此，我们组织全国行业职业教育教学指导委员会、全国中等职业教育教学改革创新指导委员会、职业教育教学研究机构的专家，全国近20家民航服务企业的行家以及具有丰富的民航服务专业教学与教材编写经验的优秀教师群策群力编写了本套《全国高等职业学校航空服务专业系列教材》。

本套教材立足国内近20家民航服务企业相关工作岗位对人才素质与能力的要求，针对民航服务专业学生职业生涯发展的需求编写。在体系结构上，本套教材涵盖民航服务专业的所有课程，各册教材有机衔接，体系完整。在内容上，本套教材涵盖民航服务的典型工作任务，体现了"贴近社会生活、贴近民航服务工作实际、贴近学生特点""与职业岗位群对接、与职业资格标准对接、与实际工作过程对接"的"三贴近""三对接"的特点，注重学生职业核心能力的培养。在形式上，本套教材按照"具体—抽象—实践"的逻辑顺序，设计了"相关链接""想一想""练一练""思考与练习"等栏目，行文中图文并茂，突出了教材的可读性与互动性。既方便教师的教，也方便学生的学。本套教材既可供职业院校航空服务专业学生使用，也可作为民航企业员工培训教材或参考资料。

《全国职业院校航空服务专业"十二五"规划教材》之《民航服务心理与实务》，由职业教育专家魏全斌担任主编，由斐明学、雷朝晖、贺文宁、李琼担任副主编，由单招霞、夏世平、向庆参编，全书由李琼统稿。

本教材在编写过程中，得到了中国民用航空厦门安全监督管理局局长陈铁民、重庆江北国际机场安检站站长斐明学、厦门国际航空港股份有限公司副总经理兼安检护卫部经理张波等民航企业专家，以及四川西南航空专修学院、成都航空旅游职业学校、成都礼仪职业中学、成都财贸职业中专学校骨干教师的宝贵意见与建议。尤其是，由全国各大航空公司、机场服务企业知名的专家和领导组成的"全国职业院校航空服务专业'十二五'规划教材建设企业专家指导委员会"的专家对教材的内容、编写体例等提供了大量的建议，有效地保证了本教材与民航服务企业的实际工作要求相吻合，在此一并表示衷心的感谢。在编写本教材的过程中，我们参阅了相关论著与资料，引用了一些最新的研究成果，但由于时间较紧、联系方式不准确等原因，未能一一取得原成果作者的同意，敬请原成果作者谅解并与我们联系，我们将奉寄稿酬和样书，并在重印或再版时根据原成果作者的要求进行相应的调整。

由于受时间及水平所限，教材中难免有不尽如人意之处，恳请广大读者提出宝贵的意见，以便我们修订时加以完善。

目录
CONTENTS

01
第一章
民航服务心理学概述

25
第二章
民航旅客的感知觉
与服务

47
第三章
民航旅客的需要与服务

目录
CONTENTS

103

第六章
民航服务的态度要求

125

第七章
民航服务中的
人际关系处理

149

第八章
民航服务中的沟通

目录
CONTENTS

201

第十章
民航服务人员能力
的培养

233

第十一章
民航服务中的冲突、
投诉与服务

第一章

民航服务心理学概述

学习目标

  1.了解心理学常识,民航服务心理学研究的目的、内容及任务。

  2.了解民航服务的基本特点,理解民航服务的本质要求。

  3.懂得将心理学知识运用于民航服务的重要意义。

案例导入

　　某航空公司从北京飞往香港的航班上，在飞机即将着陆的时候，一位老人向空中乘务员提出了需要一杯热开水的请求。这位空姐随即向乘务长说明此事，而且使用了"老头"这一称谓，引起了旁边一位客人的抗议，乘务长当即向该客人表示了歉意，客人也没有表示异议，事情本该到此结束。可这位空姐虽然也表示了歉意，却还是有些不服气地解释道："'老头'在北京话中也不是不尊重，我没有其他意思。我也不容易，现在还在发烧……"乘务员的话还没有说完，就被飞机上一批刚经历了"非典"的香港客人的愤怒和惊恐打断了。他们一听到发烧就本能地联系到"非典"，他们觉得航空公司让发烧的人员为他们服务，是对他们生命的藐视，他们要航空公司给个说法。一时间，飞机上一片混乱，任乘务员怎么解释都无济于事，继而发展到双方动手的地步，飞机上的其他乘务员也无法控制这一混乱不堪的局面。

　　谁都希望得到他人的尊重，尤其是年长的人，他们更在乎别人对他们的态度。有时一句简单的称呼，一句不经意的话，如果使用不当，就会引发对立的情绪。所以，尊重旅客，不仅仅是服务礼貌的要求，更是完美服务的体现。本案例中的乘务员，只注意了自己的心理和情绪，却没有顾及旅客的心理和感受。在与旅客的交流中，不仅没有对旅客使用尊称，更糟糕的是她画蛇添足的解释，不仅拉大了乘务员和旅客间的情感距离，"发烧"二字还把"非典"背景下的旅客情绪推到惊恐的状态。如果这位乘务员及时洞悉到了旅客的心理变化，用巧妙的语言化解矛盾，一定会是另外一个结果。

　　心理学在社会中的运用颇为广泛，在各行各业所发挥的作用也是功不可没的，例如，在管理心理学中，管理者若会运用心理学理论，将能大大提升员工的工作效率。同样，在民航服务中，我们若能懂得一些心理学知识，了解旅客的心理，并适时地运用于服务的每个环节乃至点滴之中，有助于避免一些不必要的纠纷，从而为旅客提供更优质的服务。

第一节
揭开心理学的神秘面纱

　　随着社会的不断进步,物质生活的丰富多彩,人们的精神世界越来越关注人的个性、人的尊严、人的价值。而心理学就是关于人的心理现象和规律的研究方法和成果,因此,心理学也就越来越成为各行各业"职业化"的知识和能力。

想一想

心理学是怎么产生和发展起来的呢? 它和航空服务有什么关系呢?

一、心理学的产生和发展

　　心理学是一门以解释、预测和调控人的行为为目的,通过研究分析人的行为,揭示人的心理活动规律的科学。它兼有自然科学和社会科学的双重性质。因为人的心理活动是在头脑中产生的,必然会受到生物规律的影响和支配;同时人是高级社会性生物,一切活动都不能摆脱社会、文化方面的影响,因而又具有社会科学性质。

　　(一)心理学的产生

　　"心理学有很长的过去,但只有很短的历史。"从古代一直到19世纪中叶,心理学的知识融汇在哲学和神学的内容体系中,心理学家往往成了哲学家、神学家、医学家或其他科学家的另一个头衔;心理学的研究方法,主要是思辨的方法。中国古代有关哲学、医学、教育学和文艺理论等许多著作中,也蕴含着丰富的心理学思想。古希腊哲学家如柏拉图、亚里士多德等, 中国古代思想家荀

图1-1

子、王充等都有不少关于心灵的论述。古希腊学者亚里士多德的《灵魂论》可以说是世界上第一部心理学专著。

在西方，从文艺复兴到19世纪中叶，哲学家们一直把人的心理特性作为研究的对象。这段时期，英国的培根、霍布斯、洛克等人，以及18世纪末法国的百科全书派思想家都试图纠正中古时代被神学歪曲了的心理学思想，并给予符合科学的解释。

19世纪中叶，生产力得到了进一步发展，自然科学随之取得了长足的进步，科学的威信在人们的头脑中逐步生根。这时，作为心理学孪生科学的生理学也接近成熟，心理学开始摆脱哲学的一般讨论而转向于具体问题的研究，逐渐从哲学中分化出来。这种时代背景为心理学成为一门独立的科学奠定了基础。1879年，冯特建立的第一个心理学实验室，标志着科学心理学的诞生。

相关链接

▶冯特的生平

威廉·冯特(Wilhelm Wundt, 1832—1920)，德国生理学家、心理学家。构造心理学派创始人之一（图1-2）。冯特于1879年在德国莱比锡建立第一个心理学实验室，标志着科学心理学的诞生。有人评述道："在冯特出版他的《生理心理学》与创立他的实验室以前，心理学像个流浪儿，一会儿敲敲生理学的门，一会儿敲敲伦理学的门，一会儿敲敲认识论的门。1879年，它才成为一门实验科学。有了一个安身之所和一个名字。"

图1-2

冯特幼年受教于一位路德教派的教师，冯特对这位教师感情上的依恋甚于对自己的父母。波林评述道："无疑这是一个朴素的童年期，严肃的青年期，缺少游戏和娱乐，为后来青年冯特无数的著作同世作了准备，使他最终在历史上具有重要地位。他从不知道玩，他没有朋友，只有有才智的青年伴侣。他不求父母的慈爱，而以对他那位做牧师的良师深刻依恋来代替这种天伦之乐的关系。我们可以看到，正是这些特点使未来的冯特成为端庄严肃，不知疲倦，有进取心的一个人。"

在1920年逝世以前的63年里，冯特连续写了大量作品。与他一生那种有条不紊的习惯相一致，正好在他写完心理学回忆录不久便死去了。冯特总共写了53735页文章，从1853—1920年，平均每天写2.2页。一个人以每天读60页的速度，大约两年半才能读完他的著作。

(二)心理学的发展

继1879年心理学产生以后,就获得了迅速的发展,且流派纷呈。或反对或继承冯特,或另辟蹊径独树一帜,心理学出现了上百个各种各样的流派,且遍布世界各地。

经过一百多年的发展,心理学已具有了众多分支学科,形成了一个庞大的学科体系。例如,普通心理学、社会心理学、教育心理学、法律心理学、管理心理学、消费心理学、差异心理学、旅游心理学、广告心理学、营销心理学等,民航服务心理学,也属于这个学科体系新的一员。而且,随着人类社会实践活动的发展,分工越来越细,心理学及其分支学科还会不断地增加。

知识链接

▶ **心理学的主要流派**

(一)构造主义心理学

构造主义心理学主要代表人物是冯特和他的学生铁钦纳(E. B. Titchener),于1899年产生于德国,是自心理学独立后的第一个心理学派。构造主义认为,心理学的研究对象是意识经验,即心理经验的构成元素及结合的方式与规律,并主张心理学应该用实验内省法研究意识经验的内容或构造,找出意识的组成部分及它们如何结合成各种复杂心理过程的规律。

(二)行为主义学派

行为主义学派(又称早期行为主义学派)于1913年产生于美国,其创始人是华生(J. B. Watson)。这一学派不同意心理学探讨意识,认为心理学是行为的科学,心理学的目的应是寻求预测与控制行为的途径。他们认为心理学应当研究"客观观察所能获得的并对所有的人都清楚的东西",也就是人的行为,并提出"刺激—反应"(S—R)的行为公式。

新行为主义学派的主要代表人物是托尔曼(E.C.Tolman)、赫尔(C.L.Hull)、斯金纳(B.F.Skinner)。新行为主义认为,有机体不是单纯地对刺激作出反应,它的行为总是趋向或避开一个目标。因此,他们在"刺激—反应"过程中,加进一个中介变量(O),使新行为主义的模式成为"S—O—R"。这是西方现代心理学的主要流派之一。

(三)格式塔学派或称完形学派

该学派1912年创建于德国,创始人韦特海默(M. Wertheimer, 1880—

1943）、考夫卡（K. Koffka）、苛勒（W. Kohler），后期代表有勒温（K. Lewin）。这是西方现代心理学的主要流派之一。此派反对构造主义的元素主义和行为主义的"S—R"公式，主张心理学应该研究意识的完形或整体结构，并认为整体不等于部分之和，意识不等于感觉、感情的元素的总和，行为也不等于反射弧的集合，思维也不是观念的简单联结。

（四）精神分析学派或心理分析学派

精神分析学派产生于1900年，创始人是奥地利精神病医师、心理学家弗洛伊德（S. Freud）。这一学派的理论在20世纪20年代广为流传，颇具影响。

弗洛伊德认为，人的心理可以分为两部分：意识与潜意识。潜意识不能被本人所意识，它包括原始的盲目冲动、各种本能以及出生后被压抑的动机与欲望。他强调潜意识的重要性：他把人格分为本我、自我、超我三部分，其中本我与生俱来，包括着先天本能与原始欲望；自我由本我分出，处于本我与外部世界之间，对本我进行控制与调节；超我是"道德化了的自我"，包括良心与理想两部分，主要职能是指导自我去限制本我的冲动。三者通常处于平衡状态，平衡被破坏，则会导致精神病。

（五）认知学派

认知心理学起始于20世纪50年代中期，60年代后迅速发展。1967年美国心理学家奈（U. Neisser）的《认知心理学》一书的出版，标志着这一学派理论的成熟。广义的认知心理学还应该包括皮亚杰（J. Piaget）的发生认识论，他把人的认识发展看成是一种建构的过程，并仔细研究这一过程的发展阶段。狭义的认知心理学是指用信息加工的观点和术语解释人的认知过程的科学，因此，也叫信息加工心理学。

（六）日内瓦学派

日内瓦学派心理学与瑞士心理学家、日内瓦大学心理学教授兼卢梭学院院长皮亚杰的名字分不开，日内瓦学派的心理研究侧重于儿童智力发展的认识活动，皮亚杰以其创造性的研究影响了当代心理学界，他以儿童心智发展为基础，进而研究人类认识的发生和变化，创立了发生认识论。

日内瓦学派认为，心理学研究不仅不能离开生物学而且不能离开逻辑学，皮亚杰用符号逻辑研究儿童智力的发展，在其认知心理学中引入了数理逻辑的概念，并把源于布尔代数的符号逻辑作为一种工具。

（七）人本主义心理学

人本主义学是由美国心理学家马斯洛（Maslow）和罗杰斯（C.Rogers）于20世纪50年代末60年代初创建的。它既反对精神分析学派贬低人性、把意识经验还原为基本趋力，又反对行为主义学派把意识看作是副现象，认为人不是"较大的白鼠"或"较缓慢的计算机"，主张研究人的价值和潜能的发展。他们相信人的本质是善良的，人有自我实现的需要和巨大的心理潜能，只要有适当的环境和教育，人们就会完善自己、发挥创造潜能，达到某些积极的社会目的。为此，他们从探讨人的最高追求和人的价值角度,认为心理学应改变对一般人或病态人的研究,而成为研究"健康"人的心理学,揭示发挥人的创造性动机、展现人的潜能的途径。该学派被称为心理学的第三势力。

二、心理学离我们有多远

(一)心理学的含义及研究内容

心理学是研究人的心理现象发生、发展规律的一门科学。

心理学所研究的心理现象,包括心理过程、心理状态和心理特征,意识活动和潜意识活动,常态心理和变态心理,个体心理和群体心理等。

1.心理过程

每一种心理现象从发生到发展再到结束的经过称为心理过程。心理过程包含许多类别。例如,感觉、知觉、记忆、思维、想象等称为认知过程;喜、怒、哀、惧、憎恨、忧郁、美感、孤独感、理智感、自豪感、自卑感等称为情绪过程;欲求、需要、贪欲、追求、羡慕、奋斗、诱惑等称为动机过程。上述这些心理现象都有一定的心理操作的加工程序,因而被称为心理过程。

2.心理状态

心理状态是人在一定时间内各种心理活动的综合表现。它是心理过程的相对稳定状态,其持续时间可以是几个小时、几天或几个星期。它既不像心理过程那样动态、变化,也不同于心理特征那样持久、稳定。

3.心理特征

心理特征是个人的心理过程进行时经常表现出来的稳定特点。例如,有的人观察敏锐、精确;而有的人观察迟缓、粗心;有的人情绪稳定,而有的人情绪易波动等。

4.意识

意识是对我们自身、对行为、对我们周围世界的觉知。意识是大脑中进行的一种以信息流动、信息处理为主要形式的活动,在活动中有时也有肢体运动参与。意识使我们能够认识事物、评价事物,认识自身、评价自身,改变环境、改变自身。

5.潜意识

潜意识是指潜隐在意识层面之下的、没有觉知到的所有经验。无法回忆起的记忆或无法理解的情绪常常属于潜意识。潜意识中的一些东西也会闯入

图1-3

意识之中,如失言、笔误等,就会把自己潜意识的愿望泄露出来。而有意识的动作或经验又有可能在梦境、联想中表现为潜意识的东西。

6.个体心理

个体心理是指个体在特定的社会组织中所表现的心理现象和行为规律。个体心理主要包括个性心理发展的过程及个性特征的表现形式,社会认知的调整、需要和动机以及动机的激发,态度的形成与改变,行为挫折与克服等内容。

7.群体心理

群体心理是指普遍在其成员的头脑中存在,反映群体社会状况的共同或不同心理状态与倾向。由于群体成员的相互影响的存在,这种状态与倾向已不是简单的个人特征,而是群体的特点。

群体心理与个体心理是密切关联的。一方面,没有个体心理,群体心理就没有基础。另一方面,个人作为群体的成员,其心理状况必定会受到群体心理倾向的感染与影响。一个人心情不快时,欢乐的群体心理气氛会使他受到感染,忘记烦恼。相反,如果群体有不良的心理气氛,如不信任、猜忌,这些特征也最终会投射到个人身上,成为个人的特点。

▶心理学趣闻

信息窗

有朋友说:"学心理学的人能看透别人的心理,知道他人心里想什么,好厉害!"这些说法把心理学神化了。

其实,心理学就是一门研究人的心理活动的规律的科学。人的心理活动包括外显的行为和内隐的心理历程。心理学者只是在尽可能地按照科学的方法,间接的观察、研究或思考人的心理过程(包括感觉、知觉、注意、记忆、思维、想象和言语等过程)是怎样的,人与人有什么不同,为什么会有这样和那样的不同,即人的人格或个性,包括需要与动机、能力、气质、性格和自我意识等,从而得出适用人类的、一般性的规律,继而运用这些规律,更好地服务于人类的生产和实践。

心理学研究的范围很广,除人的外显的行为和内隐的心理历程外,还包括部分生理过程,如神经系统尤其是脑机制和内分泌。

心理学也研究动物心理,研究动物心理主要目的是为了深层次地了解、预测人的心理的发生、发展的规律。

(二)心理的实质

心理的实质是指心理是脑的机能,是对客观现实的反映。

▶大脑的结构与机能

大脑的解剖结构如图1-4所示。

脑干。包括延脑、脑桥和中脑。延脑在脊髓上方,背侧覆盖着小脑。作用:支配呼吸、排泄、吞咽、肠胃等活动,叫作"生命中枢"。脑桥在延脑上方,是中枢神经与周围神经之间传递信息的必经之路,它对人的睡眠有调节和控制作用。中脑位于丘脑底部,小脑、脑桥之间。

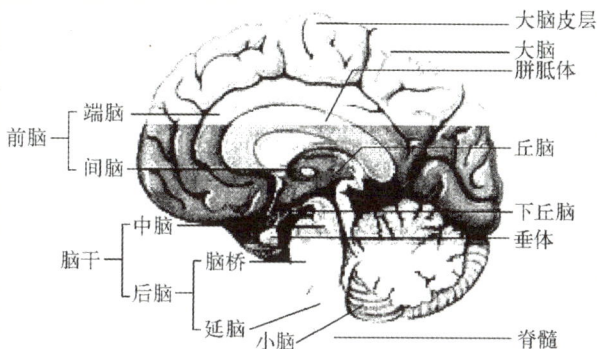

图1-4　大脑的解剖结构图

间脑。包括丘脑和下丘脑。丘脑:所有来自外界感觉器官的输入信息均通过丘脑导向大脑皮层,从而产生视、听、触、味的感觉。对控制睡眠和觉醒有重要意义。下丘脑:调节"植物性神经",对维持体内平衡,控制内分泌腺的活动有重要意义。

小脑。包括小脑皮层和髓质。作用:主要是协助大脑维持身体的平衡与协调动作。

大脑的结构。三大沟裂:中央沟、外侧裂和顶枕裂。四大叶:额叶、顶叶、枕叶和颞叶。大脑半球的表面有大量神经细胞和无髓神经纤维覆盖,叫灰质,也就是大脑皮层。大脑半球内面由大量神经纤维的髓质组成,叫白质。还有横行联系的胼胝体。

大脑的分区和机能:布鲁德曼将皮层分成初级感觉区、初级运动区、言语区和联合区。

初级感觉区,包括视觉区、听觉区和机体感觉区。视觉区,第17区,产生初级视觉;听觉区、第41、第42区,产生初级听觉。机体感觉区,第1、第2、第3区,产生触压觉、温度觉、痛觉、运动觉和内脏感觉。躯干、四肢在体感区的投射关系是左右交叉、上下倒置。

初级运动区,主要指第4区,称运动区。其功能是发出动作指令,支配和调节身体在空间的位置、姿势及身体各部分的运动。

言语区,主要定位于大脑左半球。其中有一个言语运动觉布洛卡区,即布鲁德曼的第44、第45区。这个区域损坏会发生运动失语症;威尔尼克区是一个言语听觉中枢,损伤将会引起听觉失语症。

联合区,主要包括感觉联合区、运动联合区和前额联合区。

大脑的左右半球的功能是不同的。语言功能主要定位在左半球,负责言语、阅读、书写、数学运算和逻辑推理。右半球则主要负责知觉物体的空间关系、情绪、欣赏音乐和艺术等。

边缘系统,主要包括扣带回、海马回、海马沟及其附近的大脑皮层。边缘系统与动物本能和记忆有关。

相关链接

▶斯金纳的经典反射实验

美国的心理学家斯金纳,创立了条件反射实验,又称为操作性条件反射。斯金纳将饥饿的大白鼠置于箱中,起初大白鼠在箱中胡乱碰撞,偶尔碰到或踩到杠杆,自动装置就送来食物。经过多次重复,大白鼠的适应动作得以强化。在另一实验中,斯金纳将大白鼠置于不断受到电击的箱子中,起初大白鼠自然也在箱中乱碰乱撞,当偶尔碰到杠杆时,就停止电击,这也是对大白鼠适应动作的一种强化。斯金纳把前一个实验称为奖励的训练程序,把后一个实验称为回避的训练程序。无论在哪一种箱子中大白鼠都需要反复地尝试错误,最后形成自动地踩压杠杆的条件反射。这就是所谓的操作性条件反射。

1.心理是脑的机能

法国哲学家笛卡儿提出了反射概念。他认为动物和人的一切不随意活动都是对外界刺激的自动反应,这种反应就是反射。后来俄国生理学家谢切诺夫发展了反射学说。他说:"有意识的和无意识的一切活动,就其发生的方式而言,都是反射。"

按照产生的条件,反射可以分为非条件反射和条件反射。非条件反射是种系发展过程中遗传下来的神经通路,不需要后天的学习和训练,只要有相应的刺激就会引起规律性的反应。如食物反射、防御反射、抓握反射等。条件反射是个体在生活过程中后天获得的反射。它是在大脑皮层中实现的。比如,人在吃酸枣时会分泌唾液,这是非条件反射,但每次吃酸枣时都感知到了酸枣的形状、颜色,经过多次的结合,后来只要一看到或想到酸枣时就会分泌唾液了,这就是条件反射。条件反射是心理活动产生的生理基础。

2.心理是脑对客观现实的反映

人的心理现象,不论是简单的,还是复杂的,都是人脑对客观现实的反映,都是客观现实移入到脑内的一种精神现象。客观现实是指人所处的自然环境、社会生活、家庭与学校的教育影响以及其他人的言语和行为等。科学心理学认为,社会生活对人的心理起着决定作用。仅仅有高度发达的大脑并不能保证人的心理的发生和发展。

小故事

▶**狼孩卡玛拉**

印度的"狼孩"卡玛拉,1920年被人们发现时,大约有8岁。由于长期与狼群生活在一起,他养成的完全是狼的习性:用四肢爬行,怕光,夜间活动,吃生肉,不会讲话,只会像狼一样嚎叫,没有抽象逻辑思维,对人抱有敌意。经过两年的学习训练才会站立,4年才学会6个单词。当他17岁临死前,只有相当于3~4岁儿童的心理发展水平。

想一想:为什么卡玛拉不能像常人一样生活与学习呢?

三、心理学的研究目标

心理学研究的最终目标,是用研究成果为人类实践服务并丰富、完善本学科的体系内容。具体地说,心理学研究的内容是心理与脑的关系,即脑如何产生心理;客观现实与心理的关系,即客观现实转化成心理的方式和途径;心理过程与个性心理的关系,即二者如何相互影响;心理与活动的关系,即活动如何影响心理发展变化及心理如何调节支配活动。它既是一门理论学科,也是一门应用学科。包括理论心理学与应用心理学两大领域。

心理学研究涉及知觉、认知、情绪、人格、行为和人际关系等许多领域，也与日常生活的许多领域——家庭、教育、健康等密切关联。心理学一方面尝试用大脑运作来解释个体基本的行为与心理机能；另一方面，也尝试解释个体心理机能在社会行为与社会动力中的角色；同时它也与神经科学、医学、生物学等科学有关，因为这些科学所探讨的生理作用会影响个体的心智。通过这些研究，揭示其中的规律，实现为人类实践活动服务。

总而言之，心理学是研究人的行为与心理活动规律的科学。简单地说，心理学就是将一些人的行为和心理活动，通过统计的方法，找到某种行为与某种心理活动的相关联系，将这种联系加以总结，最终将所得的结论服务于应用心理学，实现人对心理活动的有效调节，提高人类生活的质量。

拓展阅读

▶心理健康的标准

怎样才算得上是一个心理健康的人?心理健康的标准到底有哪些?这是近年来国内外心理学家研究的重要课题。世界心理卫生联合会具体明确地指出心理健康的标志是：

1.身体、智力、情绪十分协调。

2.适应环境，人际关系中彼此能谦让。

3.有幸福感。

4.在学习和工作中，能充分发挥自己的能力，过着有效率的生活。

我国尚没有统一的心理健康标准,但我国十二地区精神病流行学会协作调查组根据我国人口的实际素质、文化程度及生活水平,初步制定了有关心理健康、社会功能适应能力的标准量表。此量表可信度良好,准确度也很令人满意,其内容为：

1.有工作和职业活动的能力质量和效率;遵守劳动纪律和规章制度,能完成工作任务,在工作中能与他人合作。

2.已婚者能进行夫妻之间的相互交流,共同处理家务,为对方负责。未婚者能与父母进行交流沟通。

3.能关心子女的健康成长,与他们有情感交流,有共同活动的兴趣和爱好。

4.能主动和他人交往,不退缩,不逃避。

5.能积极参加社会集体活动。

6.面对突发意外事件,能理智、平静地对待处理。

7.能分担家务事,参加家庭娱乐、家庭事务等。

8.能保持个人身体、服饰、住处的整洁,大小便习惯、进食等生活自理能力较好。

9.对外界有兴趣和关心的情绪,了解和关心单位、周围、当地和全国重要新闻和消息。

10.关心本人及家庭成员的进步,努力完成任务,发展好的兴趣和计划。

值得注意的是,心理健康的人和正常人的概念是不同的。因为心理健康只是身体健康的一个方面,所以说心理健康的人不一定就是完全正常的人,而正常人有时候也有心理不健康的时候。

第二节
走进民航服务

没有十全十美的产品,但有百分之百的服务。如今,市场的竞争越演越烈,企业对服务的重视程度越来越高,提升服务品质,已经不仅是提升企业竞争力的重要手段,而且已经成为决定现代企业成败的关键因素。正所谓"一流的企业卖服务,二流的企业卖产品"。为客户提供持续的优质服务是民航企业竞争的一把利器,是打造核心竞争力的重要内容。

▶ **阿联酋民航服务**

读一读

当你一搭上阿联酋民航,迎接你的空姐空哥们虽然是来自各个国家的各色人种,但是,他们一样亲切的笑容,一样周到的服务,毋庸置疑地满足了旅客的心理需要,带给了旅客旅途的愉快(图1-5)。

图1-5

阿联酋民航荣获"2005世界最佳航空公司机上娱乐"大奖。对于机上娱乐,阿联酋民航用800万美元"埋单",其拥有100个电影和50个电视频道,超过350个音频频道和40个机上游戏。

阿联酋航空公司很清楚,在丰富航线的基础上,要保持并增加客源,很重要的一个因素就是了解和研究旅客的心理需要,提供领先、适需的服务。阿联酋民航用世界上最年轻、最先进的飞机飞行,平均机龄55个月。不到19年的历史,这家中东航空公司在业内创造了许多第一。

在荣获的若干奖项之中,阿联酋国际民航中国及东北亚区域特别看重"最佳特需服务"奖,"我们处处追求优秀,对于提供给儿童、老人和残疾人士的完整和优质的关怀服务而感到自豪"。

阿联酋民航始终认为,成功的关键在于员工真诚地关心乘客。

阿联酋民航的员工经过仔细甄选之后,就面临着全面的培养和培训。公司内部有一套程序来确保员工得到适合的工具及技巧,使其在工作表现、职业培训上达到优秀。阿联酋民航确保员工职业发展的机会很多,并有内部的奖励计划来激励提出帮助公司达到更高服务标准的建议的员工。刘荣柱不忘强调,"要保持警醒,经常聆听及理解旅客需要的变化,并且在全球航线网络内对我们的服务和产品进行调查"。

目前,阿联酋航空公司飞往中国的航班日渐频繁,每周已有19个客运航班和13个货运航班。阿联酋民航在中国航班上提供中国风味餐食,如春卷、粥和馄饨等,并且,从中国出发的每个航班上都会安排两名能说普通话的机组人员。

阿联酋航空公司把如何为民航旅客提供优质服务放在了极其重要的位置,处处为民航旅客着想,以优质完美的服务为公司赢得了极高的声誉,同时也为公司赢得了丰厚的利润。

一、什么是民航服务

民航服务是指以民航旅客的需要为中心,为满足民航旅客的需要而提供的一种活动。从民航旅客的角度看,民航服务是民航旅客在消费过程中的感受,也可说是航空公司及服务人员的表现给他们留下的印象和体验。从航空公司的角度看,民航服务的本质是员工的工作表现。民航服务是航空公司提供给民航旅客的无形产品,而这个产品具有消费和生产同时发生的特性,它具有不可储存性。

总的来讲,民航服务就是在服务人员礼貌、友善、和蔼可亲的接待中所营造的服务环境。良好的民航服务,应该让民航旅客能够产生温暖的、被关注、被理解的宾至如归的美好感觉,并由此达到让民航旅客渴望再次光临的效果。

图1-6

二、民航服务的特征

民航服务有与其他服务相同的地方,但也有自己的特征。其特征主要体现在以下几个方面。

(一)以民航旅客需要为中心

民航服务是为了满足民航旅客需要而提供的服务,并让民航旅客享受到愉悦和快乐。何况民航旅客为得到相应的服务已支付了一定的报酬,所以,民航服务必须围绕民航旅客的不同要求展开工作,要努力使每一位民航旅客感到满意。

(二)即时性

即时性是指只有当民航旅客具有一定服务需要时,民航服务行为才能进行和完成。

(三)一次性

民航服务如果出现不周到,让民航旅客不愉快或不满意的情况,其印象是很难消除的,甚至没有弥补的机会。

(四)无形性

民航服务能让人感受到,却看不见摸不着,民航旅客很难对其服务质量作出精确的判断,这就是它的无形性。而这种无形性也要求民航服务人员自身要有良好的综合素质,才能让民航旅客享受到优质的服务。

(五)灵活性

民航服务是针对民航旅客个体而进行的服务,不同的民航旅客有不同的服务需要,同一民航旅客在不同的时段也可能有不同的服务需要。这就要求民航服务人员要针对民航旅客的不同需要提供灵活多变的服务。同时也要求民航服务人员除了具备一定的专业知识和技能外,还应该掌握较为广泛的知识和技能,例如,旅游知识、心理学知识、礼仪知识等,来应对民航旅客需要的多样性,力求服务完美。

(六)系统性

民航服务涉及航空公司各个部门、各个环节,并且体现在具体的服务过程、服务程序和服务质量中,因而具有系统性的特点。

(七)差异性

不同的航空公司,不同的机场,不同的时间,不同的服务人员,其服务模式和形态会呈现出差异性。

(八)不可转让性

每一位民航旅客所接受的服务都是以当时为限,航班不同,服务人员不同,所接受的服务模式和服务态度也不会相同,民航旅客更无法将其接受的服务转让给第三者去体验。这就使民航服务具有了不可转让性。

三、民航服务的标准

民航服务是一门很深的学问。它不仅要求民航服务人员用热情的笑容和尊重的态度去吸引旅客,还要求用真诚的行为和巧妙的方式去感动旅客,用心与旅客沟通,才能让服务真正地体现出应有的价值,从而体现出最佳的企业形象（图1-7）。因而国际民航业对民航服务业作出了统一要求。有关人士认为,民航服务的基本要求可以用英语单词SERVICE(服务)来进行诠释:

图1-7

S,即Smile(微笑)。要求民航服务人员对每一位民航旅客提供微笑服务。

E,即Excellent(出色)。要求民航服务人员要将每一项微小的服务工作都做得很出色。

R,即Ready(准备好)。要求民航服务人员要随时准备好为民航旅客服务。

V,即Viewing(看待)。要求民航服务人员把每一位民航旅客都看做是需要提供特殊照顾的宾客。

I,即Inviting(邀请)。要求民航服务人员在每一次服务结束时,都要邀请民航旅客下一次再次光临。

C,即Creating (创造)。要求民航服务人员要精心创造出使民航旅客能享受其热情服务的气氛。

E,即Eye(眼光)。要求民航服务人员始终要用热情友好的目光关注旅客,预测旅客的要求,并及时提供优质服务,使民航旅客时刻感受到民航服务人员在关心自己。

▶航空公司的十把金钥匙

相关
链接

1.旅客就是上帝。

2.微笑。

3.真挚、诚实、友好。

4.提供快速敏捷的服务。

5.经常使用"我能帮助你吗","不用谢"。

6.佩戴好你的胸牌。

7.注意清洁卫生,修饰得体。

8.团队精神。

9.用尊称主动问候。

10.熟悉自己工作、公司及相关信息。

▶大延误,小故事

相关
链接

2011年5月26日下午2点35分,一个电话打破了中国国际航空股份有限公司地服调度室原有的平静,"CA1705航班因为北京天气原因滑回,旅客需下机等待"。接到电话后,地服A组全体人员立刻召开紧急会议,对接下来艰巨的服务工作迅速作出布置,并做好应急预案。因为他们明白,一旦北京天气出现问题,将有一系列航班的延误。这时,候机楼滞留的旅客人数会急剧增加,每个旅客都会有不同的问题需要咨询、解决、记录,喧嚣声充斥在整个候机楼。登机口的服务员一刻不停地向旅客做好解释工作,热心地帮助旅客解决各类问题。

服务员小胡,一名刚参加工作半年多的实习生,在处理一位国际转机旅客行程时一点也不含糊,她一面帮旅客咨询后续航班动态,告诉他如果赶不上后续航班该如何处理,一面联系相关部门做好接机工作。服务员劳峥悦也是一名刚工作一年的新员工,但碰到这类航班延误已不是头一回了,处理起来也十分镇定,耐心的解释、细心的问候再加上及时更新最新天气和航班排队情况,让旅客暂时放下了内心的焦虑,耐心等待。

服务员小方用她标志性的"小眼睛微笑"让旅客的怒气平息了一半,再加上她细致入微的服务,让旅客在焦急等待的同时也感受到了国航的优质服务。

当天,原计划搭乘CA965前往法兰克福的一个20人的团队在值机员的协助下改签到稍早的CA1548航班上,该团队中有一半以上是70多岁的老人,考虑到远机位登机口室温偏低,小方主动联系服务调度向清洁队申请了毛毯。其中一位75岁高龄的老人一直在柜台前焦急停驻,小方每隔10分钟都会向这位老人告知航班保障进程直至CA1548登机。事后,老人感动之余写下了一封真挚的表扬信。

服务员小朱,他是在登机口负责解释工作为数不多的男孩子之一,别看他平时腼腆内向,但在这里却表现出地服人员的专业精神,回答旅客提问时从容镇定,能同时解答几个旅客的提问,为使旅客放松下来他尽量多和旅客聊天,减轻旅客的烦躁感。

由于航班延误的登机口抽调了部分服务员,其他航班保障上出现了人员紧缺的情况。负责外场保障的人员主动要求加入内场工作中,来回穿梭在各个航班之间,接送远机位航班、保障航后航班,负责登机口引导的服务员在各个登机口之间来回跑动,一刻没有停歇。加班人员主动留下充当备份,不顾疲劳主动要求分配工作,及时弥补了保障岗位的空缺。这次的大面积航班延误,最长延误时间达8个多小时,在保障过程中,A组全体组员一直坚守自己的岗位,用心化解难题,让旅客感受到了国航的优质服务。

第三节
心理学在民航服务中的有效运用

为民航旅客提供高品质服务是航空公司在激烈的市场竞争中获胜的最佳途径。想留住民航旅客,就要用贴心周到的优质服务留住他们的心。

对于民航服务人员来讲,要想为民航旅客提供优质服务,除了必须成为专业上的强手,拥有最专业的服务素养外,还必须要懂得民航服务心理学的常识。做服务工作,特别是特定环境下的服务,一定要具备较强的心理素质。

此外,日常生活中有很多因素会影响我们的情绪,但是一名优秀的民航服务人员是不可以将自己的任何情绪带入工作中的。在民航服务中,服务人员要保证自己的情绪不轻易受外界影响,同时保持良好和稳定的状态投入到服务中。

一、民航服务心理学的研究对象

民航服务心理学属于心理学的一个分支学科,是心理学基本理论与方法在服务领域的应用与发展。

民航服务心理学是为了满足民航旅客的服务需要,为其提供优质、满意的服务而研究民航旅客及民航服务人员的心理活动及其变化规律的科学。

民航服务心理学的研究对象包括民航旅客的消费心理和行为、民航服务人员的服务心理和行为。具体地讲,民航服务心理学既要研究民航旅客的服务需要、动机、情绪情感、社会文化等相关的心理活动特点和规律,又要研究民航相关服务人员,如机场商场的售货人员、机场地勤服务人员、机场宾馆服务人员、空中服务人员的态度、需要、动机和人际关系等心理活动特点和规律。其中,有关民航旅客的心理研究是民航服务心理学主要的研究对象。

二、民航服务心理学的研究内容

(一)民航旅客的心理状态

民航服务心理学主要研究民航旅客的社会知觉、民航旅客的服务需要与动机、民航旅客的个性及文化背景。民航服务的目的是要提高服务质量,提高民航旅客的满意度。民航旅客是民航服务的对象,民航旅客的心理特点、心理需要影响着航空公司的决策及服务导向。研究民航旅客心理有利于民航服务人员更好地对民航旅客提供高质量的服务。

出现于近代的民航运输一开始就围绕着如何更好地为民航旅客服务、满足民航旅客的需要而谋求自己的发展道路。现代科技和工业的发展,大型、豪华、迅速的飞机,解除了民航旅客视旅途为畏途的心理。近年来,民航旅客持续不断地大幅度增加,与此同时,民航旅客对航空公司也提出了更高的要求,希望航空公司能为自己提供满意的服务。例如,安全、舒适、热心、尊重等。民航旅客的这些心理活动、心理需要,是民航服务心理学所要研究的问题之一。也就是说,民航服务心理学将研究民航旅客在整个乘机过程中各种需要的产生,不同服务阶段民航旅客需要的表现,以及民航旅客的气质、性格、态度,并揭示民航旅客的心理规律。

(二)民航服务人员的心理素质

民航服务心理学还要研究民航服务人员的心理素质的特点与内容以及提高心理

图1-8

素质的途径与方法。具体包括:情绪的调节和控制、态度的把握和端正、个性的完善与培养、挫折的应对、人际关系的协调与发展等方面。民航服务人员的心理素质对于为民航旅客提供安全、温馨、满意的服务有着至关重要的影响,同时还会在一定程度上影响民航旅客的心理健康。

民航服务工作是由民航旅客和民航服务人员两个方面组成。如果只分析民航旅客的心理而忽视民航服务人员的心理,势必会陷入片面理解。另外,民航服务人员的心理品质、意志品质、情感品质、能力品质都会在服务工作中表现出来,其一言一行、一举一动都会对旅客的心理产生影响,并引起相应的反应。例如,一名民航服务人员带着情绪上班,对民航旅客不理不睬、冷漠,这样的态度会伤害民航旅客,引起他们的不满,从而影响服务质量。所以,民航服务心理学不仅要研究民航旅客的心理,也必须研究民航服务人员的心理,只有这样,才能全面地看待和分析问题,并从中找出规律,提高民航服务质量。

(三)民航服务人员的服务技巧

民航服务心理学研究民航服务人员的服务技巧主要包括与民航旅客的沟通技巧、客我交往技巧、处理冲突与投诉的技巧。懂得一些服务技巧,才能将服务人员的责任心、包容心、同情心、爱心、耐心等良好品格以及服务人员所具备的能力品质淋漓尽致地在服务过程中体现出来。运用民航服务心理学知识了解和掌握民航旅客的心理，来完善和提高自己的服务技能和技巧，从而提高服务质量。

三、民航服务心理学的研究任务

当今社会"服务经济"的出现使市场的需要发生了革命性的变化，服务成为竞争的核心，消费从注重产品的质量转化为注重产品的服务，因而服务质量和服务态度显得尤为重要。全球民航市场的竞争实际已发展成为价格、服务等多元化的竞争。近年来，中国的民航业得到了迅速发展，但是民航业的迅速发展也使民航服务业面临着前所未有的挑战，即如何使服务更上一层楼，体现国际标准和中国特色。而要提高服务质量就必须研究民航服务过程中旅客和服务人员的一般心理，从中找出规律性，为各航空公司的旅客服务工作提供一定的理论依据，从而提高航空公司的竞争力。

民航服务心理学研究的首要任务是为航空公司的发展增加经济效益，满足民航旅客的需要，让民航旅客满意。这是社会的需要，是航空公司的需要，也是民航服务人员自身发展的需要。

(一)民航服务心理学要揭示民航旅客的心理规律

心理学常识告诉我们，心理需要、动机是产生行为的内在动因，这是人类的一般心理规律。民航服务心理学要研究的是民航旅客乘机过程中行为背后的心理需要、动机和心理活动。如民航旅客乘机的原因、旅行过程中的需要及提出这些需要的原因，当需要得不到满足时旅客的心理活动、行为表现，等等。民航服务心理学就是要揭示这些规律，并用它来指导民航服务工作，提高服务质量。同时，不同的民航旅客有不同的气质、性格，研究民航旅客的这些差异，民航服务人员可以根据旅客不同的性格、不同的气质进行个性化的服务，从而使服务工作做得更加完善。

(二)民航服务心理学要揭示民航服务人员的心理规律

旅客是服务工作的接受者，处于被动地位，而服务人员是服务工作的施予者，处于主动地位。服务人员自身的素质、心理品质的好坏，都与服务质量的好坏息息相关。所以，研究民航服务人员心理的目的，就是要揭示他们在服务工作中应该具备哪些优良的心理品质，如何培养自己良好的心理品质及怎样纠正自己不良的心理品质等。让民航服务人员意识到，良好的心理品质既是做好民航服务工作的前提条件，也是一个合格民航服务人员的必备条件之一。

(三)民航服务心理学要揭示民航服务过程中服务人员与民航旅客交往的心理规律

民航服务工作是由一个个服务环节组成的、动态的服务过程。在这个过程中，民

图1-9

航旅客与服务人员在心理上的接触,情感上的相互影响,有时会直接影响服务过程的顺利进行,影响服务的质量。所以,民航服务心理学在研究民航旅客与服务人员心理的基础上,还要对服务过程中双方心理上、情绪上的互相影响进行研究,并揭示其变化、发展的规律。同时,民航服务的环节和服务阶段多,如售票、值机、候机、机场餐厅、商场、机上服务,甚至机场宾馆等,它们形成了一个动态的过程。在每一个环节、每一个阶段,民航旅客都有不同的需要,民航服务人员也有不同的服务项目和要求。因而,民航服务心理学还要揭示服务过程中每一个阶段的特殊性,服务人员应该怎样根据这一特殊性采取不同的服务。同时,民航服务心理学还要研究分析服务过程中每一个环节之间的联系、衔接问题,包括服务工作的联系和旅客心理上的多方面的延续或演变等,并从中揭示旅客与服务人员在交往中情绪、心理的变化规律,并用这些规律来指导民航服务工作,使民航服务工作保持一致性、整体性。

读一读

▶**民航热线销售:从掌握客户心理开始**

"五星钻石销售服务热线95539"是中国南方民航股份有限公司对外宣称的品牌,通过致电95539预订机票,已成为众多新老客户的习惯。而作为95539的客服人员,如何在电话中吸引更多的客户购买南航的机票,从而为公司创造利益?关键要从掌握客户心理开始。

所谓"言为心声",其实声音是人的另一种表情。通过客户说话声音的大小、语速的快慢、语气及话音等,客服人员应透析出客户内心的真实意图,从而达到向其销售的效果。

1.从口头禅分析客户心理

喜欢说"差不多吧""随便""无所谓"的客户往往是没有主见的人,他们的目标不明确。所以对待这一类型的客户,客服人员就要肯定他们的眼光和选择,提升他们的自信,这样就会使客户开始肯定自己的选择,而客服人员也容易赢得客户的好感。

又如,有些客户喜欢说"别人都说××航空公司的票价怎样",这一类型的客户明显表现出自信心不足。因此,客服人员要鼓励他们坚定自己的选择,各个航空公司提供的服务有所不同,例如,可向其介绍机上丰富的餐食,或者向其推荐加入俱乐部的好处等。

2.从语气、语速的变化分析客户心理

在通话过程中,客服人员不但要从客户说话的内容中洞悉客户的心理,还需要注意说话的语气与语速的变化,因为客户说话的语气与语速中也可能暗含着他们的某种真实的目的和用心。只有从细微处发现别人发现不了的客户心理,你才能抓住别人抓不到的商机。

例如,在通话过程中,客服人员给客户订完航班,再进行核对乘机信息时,客户听到飞行的时间比平时多了一个小时。突然间,客户说话的声音变得很大,而且语速也明显加快,他出现这一变化的目的要么想控制谈论的局面,想在声势上压倒客服人员,要么想用这种手段说服客服人员。他用这种方法的结果很可能让一些胆小的客服人员就此屈服,或者半途而废。作为优秀的客服人员知道应付这种局面的最好办法就是以柔克刚。可以先耐心地让客户讲出自己的观点、建议及想法,然后再以甜美的声音充分发挥亲和力优势,对其进行委婉、合理、真诚的解释,或者积极做好补救措施。

思考与练习

1.什么是心理学?

2.什么是民航服务?民航服务的特征有哪些?

3.什么是民航服务心理学?它研究的内容以及任务是什么?

4.比一比,谁把自己的蓝图勾画得绚丽多彩:即将成为民航服务工作人员的你,如何把心理学知识巧妙地运用到今后的民航服务工作中?

第二章

民航旅客的感知觉与服务

学习目标

1. 了解感知觉的含义和特征。

2. 掌握影响民航旅客感知觉的客观因素和主观因素。

3. 学会克服不良感知觉因素的干扰,提高服务质量。

案例导入

一位年轻母亲怀抱着一个2岁左右的小女孩走进某民航宾馆。前台有几个服务员站着迎接客人,于是,年轻母亲便走过去向其中的一位服务人员咨询住宿的情况。她听完服务员的介绍后,打算办理住宿手续。可是就在她准备把小女孩放地上去登记时,孩子却开始大哭大闹起来,而几个服务员则默默地看着、等待着。年轻母亲没办法,只好又弯腰抱起女孩,就在她抱起孩子抬头的一瞬间,却看到了一位服务人员皱着眉头、一脸的不耐烦。看到这一情境,这位母亲提起行李,转身离开了酒店。前台的几位服务人员却面面相觑,不知何故。

从上述案例可以看出,一个人的心理状态会影响和制约着他的活动和行为。感知觉是民航服务过程中的一个重要的心理状态,它是民航旅客与服务人员之间相互作用和制约整个服务交往过程的心理因素的总和。

第一节
探索奇妙的感知觉

人们对客观世界的认知过程,是人们获得各种知识和经验所表现出来的心理活动的过程,它是心理活动的基础和起步,这一过程是通过感觉、知觉、思维、想象、记忆等心理机能的活动完成的。

一、奇妙的探索——感觉

(一)什么是感觉

感觉是日常生活中常见的心理现象。我们用眼看,用耳听,用鼻闻……这些都是感觉。认知心理学认为,感觉是人脑对直接作用于感觉器官的客观事物的个别属性的反映。感觉是认知活动的起点,通过感觉,个体可以获得客观事物具体的、特殊的信息。例如,一架飞机,虽然有大小,它的外观都像展翅高飞的鸟,由机头、机身、机翼、起落架等组成;在飞行时发出轰隆隆的声音等。飞机的这些客观属性,作用于我们的眼睛、耳朵等感觉器官时,就会产生感觉。感觉除了可以反映客观事物的各种不同属性之外,还可以反映自己身体内所发生的变化,了解自身各部分的状态,如身体的运动和位置等。

(二)感觉的种类

根据感觉反映事物个别属性的特点,可以把感觉分为两大类:外部感觉和内部感觉。外部感觉接受外部刺激,反映外界事物的属性,包括视觉、听觉、嗅觉、味觉和皮肤感觉。内部感觉接受体内刺激,反映身体的位置、运动和内脏器官的不同状态,包括肌肉运动感觉、平衡感觉和内脏感觉等。

▶视觉游戏

相关
链接

图2-1　比较两个内部圆的大小

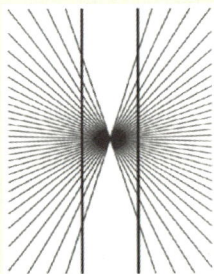
图2-2　黑线看起来是不是向外弯曲的

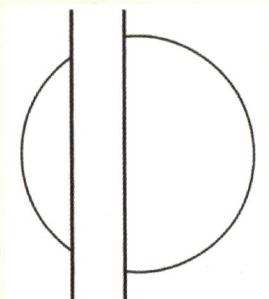
图2-3　这个圆是完好的吗

图2-4　这些是正方形吗

解析：

图2-1,两个内部的圆大小完全一样。当一个圆被几个较大的同心圆包围时,它看起来要比那个被一些圆点包围的圆小一些。

图2-2,黑线完全是笔直而平行的。这种经典幻觉由19世纪德国心理学家艾沃德·黑林首先发现。

图2-3,虽然端点看起来不连在一起,左边弯曲部分也显得比右边的小一点,但其实这是一个完好的圆。

图2-4,正方形看起来是变形了,但其实它们的边线都是笔直而彼此平行的。比尔·切斯塞尔创作了这个曲线幻觉的视觉艺术版本。

以上几个有趣的视觉游戏其实是经典错觉例子,你看了后是不是对感觉这种心理过程产生了兴趣呢?

(三)感觉的意义

感觉是人们对客观世界认识的最简单形式,是一切复杂心理活动的基础。只有在

感觉的基础上,人们才能对事物的整体和事物之间的联系作更复杂的反映,获得更深入的认知。例如,机舱内的色调、明亮度、背景音乐、气味、装饰物的质感,民航服务人员的着装、礼仪、面部表情、工作状态等都会影响到民航旅客对机舱乃至整个航空公司的认知。而这些感觉,会对民航旅客选择航空公司的行为产生直接的影响。

读一读

图2-5是以水墨画风格喷涂大熊猫母子亲密形象的第二架"秀美四川"号空中客车A321彩绘飞机向公众亮相。

万米之上的"天空之城"早已不再是一个色彩单调的地方了。当越来越多身着各式"时装"的飞机穿梭于空中,于是可以看到HelloKitty等卡通人物自由翱翔天际,可以看到美女撩人的微笑,甚至可以看到一部"飞行入门"在空中跨越地球……

图2-5

这并非夸大其词,五彩斑斓的飞机彩绘实现了这一切。

一般而言,飞机彩绘都遵循代表本国特色与本土文化的首要目的。乘坐这样的飞机,一方面使得旅客可以有愉悦的视觉体验;另一方面也体现出民航企业的竞争开始向更人性化的方向发展。当飞行被一种地道的文化滋润时,枯燥乏味的长途飞行就有可能变得丰富多彩起来。

在经历了几十年只以航空公司标志为主要图案的严肃涂装之后,中国的航空公司也试图用飞机彩绘为旅客提供一种崭新的视觉体验。

近年来,国内召开几次大的盛会之际,当地的航空公司都会不失时机地推出彩绘飞机。2005年9月7日,"北京奥运号"彩绘飞机在北京亮相,这是中国国际民航股份有限公司(Air China Limited,简称"国航")首架为宣传北京奥运会推出的彩色飞机,也是国内第一架以社会公益为主题的民航彩绘飞机。飞机以蓝、红、白三种奥运标准色为主色调,给人以庄重、热烈、浑然一体的感觉。飞机前部喷涂了国航凤凰标志和北京奥运中国印组合标志,连同"同一个世界,同一个梦想One World One Dream"中英文北京奥运会口号,意味深长。

南航的"亚运号"也将彩绘图案与本土文化进行了完美的融合。飞机以蓝色为主调,深浅渐变,有色彩斑斓的亚运会吉祥物"五羊",整个机身看似热情大方而又不失稳重,感觉亲密熟悉而又不失创新,给人耳目一新的感觉。

东航在世博会期间也推出了6架世博彩绘飞机,新颖的造型、绚丽的色彩让很多乘客记忆犹新。东航内部人士表示,飞机彩绘文化是一个非常有市场、有潜力的企业文化模式,可供考虑和开发的空间广阔。而彩绘机本身,就是一种人文思想与创新意识的体现。

事实上,中国民航市场的竞争开始向更人性化的方向发展彩绘飞机的文化,不仅能使航空公司更好地融入传统文化,贴近地域特色,还可以拉近航空公司与旅客的距离。有业内人士认为,文化竞争的时代已经到来,企业文化创新正在由一种文化理念转变为对提高企业竞争力具有决定性作用的新型经营管理模式。

二、奇妙的探索——知觉

(一)什么是知觉

知觉是人脑对直接作用于感觉器官的事物整体的反映。知觉是在感觉的基础上形成的,但知觉不是感觉信息的简单结合。感觉信息是简单而具体的,它主要受刺激物的物理特性所决定。知觉则较为复杂,它要利用已有的经验,对所获得的感觉信息进行组织,同时解释这些信息,使之成为有意义的整体。例如,我们听到飞机发动的声音,就知道飞机快起飞了,这就是感觉,"听到飞机发动的声音"是指已有经验,感觉信息与已有经验的相互作用,使我们产生了"飞机快要起飞了"这种知觉。任何事物都是由许多个别属性组成的,它们的个别属性与其整体总是不可分割的。例如,当我们看到某处有飞机跑道、候机大楼、机场服务设施、机场服务人员、民航旅客等事物,我们就会在头脑中将它们相互联系、聚合,形成"机场"这样一个具体印象。这就是我们对机场这一具体事物的知觉。

(二)知觉的种类

知觉有很多种。通常,按照知觉所反映的事物的特性不同,可以将知觉分为空间知觉、时间知觉、运动知觉;按照知觉所凭借的感觉信息的来源不同,可以分为视知觉、听知觉、嗅知觉、味知觉、触知觉。另外,我们把知觉印象与客观事物不相符合的知觉称作错觉。

(三)知觉的基本特征

1.知觉的意义性

人在知觉过程中,总是力图赋予知觉对象一定的意义。这就是知觉的意义性(又称知觉的理解性)。当一个知觉对象出现在我们面前时,我们总倾向于运用已有的知识经验来理解这个对象,将它归于经验中的某一类事物。可见,在知觉过程中有思维活动的参与。同时,语言在知觉的过程中起着一定的指导作用。当我们赋予知觉对象一定的意义时,往往需要用词来标志它;而且,当知觉对象的外部标志不太明显时,语言就会帮助我们迅速利用已有经验弥补感觉信息的不足。例如,一幅图中的墨点画的是什么往往看不出来,如果告诉你这是一条狗,狗的图形会立即成为你的知觉对象,你会觉得这确实像一条狗。

考一考

▶你能看到几张脸?

图2-6

2.知觉的完整性

人在知觉过程中,总是倾向于把零散的对象知觉为一个整体,这就是知觉的整体性。在完整性这种知觉特性中,对象内部的关系起重要作用。例如,一个人的画像,无论画像的大小如何变化,只要画像中线条的比例不变,看上去总是像这个人。同时,在形成完整性知觉时,对象各部分的作用是不同的。一般来说,强的部分会掩蔽弱的部分。例如,有的山峰看上去像一个少女,并不是因为山峰的所有部分都像,而是山峰的突出的部分像少女的某个部位(如身材或脸形)。另外,整体性知觉离不开个体的经验,经验可以弥补知觉整体中不完整的部分。

3.知觉的选择性

当我们面对众多的客体时,常常优先知觉部分客体,这就是知觉的选择性。被清楚地知觉到的客体叫对象,未被清楚地知觉到的客体叫背景。影响知觉选择性的因素很多。从客观方面来说,与背景差别较大的、活动的、新颖的刺激容易被选择为知觉的对象。从主观方面来说,与个体当前的任务有关、能满足个体需要、符合个体兴趣、个体对其有丰富经验的刺激,容易被选择为知觉的对象。

下面的三幅图在心理学上被称为"两可图"。所谓"两可"就是既可以看成是这样,也可以看成是那样,究竟被看成什么,取决于你将目光集中在不同的部位,或者以什么作知觉对象,以什么作知觉背景,也就是和人的知觉选择性有关。例如,图2-7,既可以看作是少女,也可以看作是老妇。图2-8,当我们以黑色作背景时,我们看到的是游鱼;当我们以白色作背景时,我们看到的却是飞鸟。图2-9,我们既可以看作花瓶,也可看作是两个侧面的人头像。

图2-7   图2-8   图2-9

4.知觉的恒常性

当知觉的条件在一定范围内发生变化时,知觉的印象仍然保持相对不变,这就是知觉的恒常性。例如,一个熟悉的机场,我们不会因为它离我们远而把它知觉为一间房屋。通常,人们对物体的形状、大小、颜色、亮度的知觉均表现出恒常性。个体的经验是保持知觉恒常性的基本条件,儿童由于经验不足,对不熟悉的事物的知觉常随知觉条件的变化而变化。同时,知觉的恒常性在一定程度上依赖于参照物,离开参照物,恒常性就会减少甚至消失。当然知觉恒常性是有限度的,如果知觉条件变化太大,就不会有恒常性。

(四)知觉的意义

知觉是我们对客观事物的简单认识,是我们对客观事物产生认知、情感、意志的开始。知觉能促使人们产生需要,并为满足需要进行实践活动。在消费活动中,消费者只有对某种产品掌握一定的知觉材料,才可能进一步通过思维去认识产品,并随着对产品知觉程度的提高,形成对产品的主观态度,从而确定相应的消费决策。

第二节
影响民航旅客感知觉的因素

在民航服务中,旅客是"上帝",是全程服务的主体。民航旅客的感知觉直接影响和决定着民航服务交往。作为一名民航服务人员,了解和掌握民航旅客的感知觉心理,是民航服务交往成败的关键。

一、影响民航旅客感知觉的外部因素

图2-10

民航旅客对航空公司的感知觉,是指民航旅客通过自己的感官对航空公司的整体知觉。这一整体知觉是由航空公司各个方面所组成,包括航空公司的服务环境,航线、航班时间,服务人员的形象与态度等。

(一)民航旅客对服务环境的感知觉

人们的心理活动起源于感知,这种感知离不开人们当时所处的环境。民航旅客经常出入的地方,如民航售票处、候机室、机场餐厅、机场商场、民航宾馆等地方,这些环境是否宽敞、明亮、整洁、美观、优雅都会使民航旅客产生不同的感知觉,这些感知觉将会影响到他们的心理活动和行为。

图2-11

1.服务环境的色彩对民航旅客感知觉的影响

颜色是人的视觉对各种可见光波的主观印象,当可见光进入人的眼睛,会产生有关各种颜色的知觉,而且不同的色彩会给人不同的感觉,不同的心理感受。例如,蓝色,表现的是宁静、平和;绿色,表现出青春和活力,让人感觉到生机勃勃;白色象征着纯洁,给人整洁或洁白无瑕的感觉;红色,能使人产生热烈、兴奋、喜庆的联想等。对民航服务环境而言,色彩搭配非常重要,它会让民航旅客产生不同的感知觉,不同的心理感受。例如,候机大厅采用蓝色或绿色为主色调,会给旅客一种整洁、舒适、优雅而宁静、充满希望的感觉。这些感觉,就会使旅客产生一种良好的知觉印象。

小贴士 ▼

色彩与情绪

红色——兴奋、热情、激动、欢乐。

橙色——活泼、热闹、壮丽。

黄色——高贵、娇媚、明朗。

绿色——青春、健康、安全、宁静。

蓝色——深沉、开阔、宁静、幽静、凉爽。

紫色——高贵、庄重、邪恶。

白色——清洁、纯真、神圣、哀怜、冷酷。

灰色——平凡、沉默、稳定。

2.服务环境的温度、音量对民航旅客感知觉的影响

一个人对温度的知觉主要是通过人的皮肤来觉察的,不同的温度会对人产生不同的知觉。温度过高或过低,都会使人注意力分散、心烦,动作准确性下降,甚至会使情绪急躁或低落。所以,民航服务环境,例如,民航售票口、候机厅、民航餐厅、飞机上等地方都应该注意服务环境温度对旅客感知觉的影响,保持适宜的温度,以调节民航旅客的情绪。

一个人对声音高低感受主要取决于声波振动的频率,是人对声波频率刺激的反映。频率高了,听起来的声音就高,反之,听起来声音就低。民航服务环境中的声音,尤其是广播声音不宜过大,否则会让民航旅客产生不舒服的触压觉和痛觉。所以,民航服务人员在使用广播时要注意音量大小,尽可能给旅客提供柔和、甜美而亲切的广播声音,让旅客有一个良好的感知觉。

图2-12

3.服务环境设施对民航旅客感知觉的影响

对于民航旅客来讲,相关的服务设施是否齐备、方便,会对其心理产生不同的影响。例如,服务设施缺乏,会给旅客造成许多麻烦,如问询处、电话亭、时刻表、小卖

部等这些配套服务设施,旅客需要的时候如果找不到,就会产生不愉快、不舒服的感知觉。反之,服务设施齐备,旅客就会对服务环境有一个良好的感知觉。

(二)民航旅客对航线、航班时间的感知觉

对民航旅客来说,航空公司的航线、航班出发和到达的时间,是旅客对航空公司形成知觉的重要因素。某航空公司在调查中发现,对于大多数民航旅客而言,航班出发时间与正点到达时间,是其选择航空公司的重要因素。民航服务人员必须把航班正点视为航空公司的生命线,要尽一切可能减少航班的延误,让民航旅客在航班时间上有一个良好的感知觉。

图2-13

(三)旅客对民航服务人员的感知觉

在接受服务过程中,旅客对民航服务人员作出什么样的反应,主要取决于旅客对民航服务人员的感知觉。而旅客对民航服务人员的感知觉主要是通过民航服务人员的外表、表情、语言等来推测其心理活动。

1.通过民航服务人员的外表感知

在民航服务中,旅客对民航服务人员的感知首先就是通过民航服务人员的外表,例如着装、发型、姿态等。这些外表特征,成为旅客了解民航服务人员性别、年龄、工种等情况的途径,从中形成旅客对民航服务人员的初步印象。

2.通过民航服务人员的表情感知

在民航服务中,民航服务人员的表情是旅客感知服务人员的最重要的途径,服务人员的一举一动都将给民航旅客留下深刻的印象。表情又包括面部表情、言语表情、体态表情等。这些不同的表情是人们心理活动的外在表现,它是人们感知他人心理状态的一个重要指标。民航服务人员的面部表情是民航服务人员在与旅客交往中心理活动在面部的表现,它是旅客感知的对象,是旅客了解服务人员思想、情感、情绪的重要线索;民航服务人员的言语表情是民航服务人员与旅客交往时所使用的音色、语调、语气、节奏等,它们是旅客了解服务人员的情绪、心境、态度等心理活动的途径;民航服务人员的体态表情主要指民航服务人员的动作、手势等,它们也是旅客感知服务人员性格、气质的客观依据。

3.通过民航服务人员的言语感知

人们常说,闻其言知其人,言语是一个人与他人交往时感知他人的重要途径。在民航服务中,民航服务人员的言语也就成为旅客感知民航服务人员的一个重要途径。旅客通过民航服务人员的言语来感知服务人员的态度、理解服务人员所要传递的意思和思想。因而服务人员要努力使自己的用词准确,表达清晰,使自己在语言表达上给旅客留下一个良好的感知觉印象。

二、影响民航旅客对服务人员感知觉的心理因素

民航旅客对服务人员的感知觉除了来自对服务人员外表、表情、语言等的直接感知外,还会受到自身心理因素的影响。这些心理因素主要有以下几个方面。

(一)首因效应

首因效应又称第一印象作用,或称先入为主效应。首因,是指首次认知客体而在脑中留下的"第一印象"。首因效应,是指在第一次交往过程中形成的最初印象,即指个体在社会认知过程中,通过"第一印象"最先输入的信息对客体以后的认知产生的影响作用。心理学研究发现,与一个人初次会面,45秒钟内就能产生第一印象。第一印象作用最强,持续的时间也长,比以后得到的信息对于事物整个印象产生的作用更强。首因效应本质上是一种优先效应,当不同的信息结合在一起的时候,人们总是倾向于重视前面的信息。即使人们同样重视了后面的信息,也会认为后面的信息是非本质的、偶然的,人们习惯于按照前面的信息解释后面的信息,即使后面的信息与前面的信息不一致,也会屈从于前面的信息,以形成整体一致的印象。

第一印象主要依据性别、年龄、体态、姿势、谈吐、面部表情、衣着打扮等来判断一个人的内在素养和个性特征。

首因效应在生活中到处可见:"新官上任三把火"、"早来晚走"、"恶人先告状"、"先发制人"、"下马威"等,都是想利用首因效应占得先机。

图2-14

一个新闻系的毕业生正急于寻找工作。一天,他到某报社对总编说:"你们需要一个编辑吗?""不需要!""那么记者呢?""不需要!""那么排字工人、校对呢?""不,我们现在什么空缺也没有了。""那么,你们一定需要这个东西。"说着他从公文包中拿出一块精致的小牌子,上面写着"额满,暂不雇用"。总编看了看牌子,微笑着点了点头,说:"如果你愿意,可以到我们广告部工作。"这个大学生通过自己制作的牌子表达了自己的机智和乐观,给总编留下了美好的"第一印象",引起其极大的兴趣,从而为自己赢得了一份满意的工作。这种"第一印象"的微妙作用,在心理学上称为首因效应。

在民航服务中,第一印象是旅客与民航服务人员初次接触时,旅客通过服务人员的语言谈吐、举止、仪表等方面形成的印象。不管这个印象是对还是错,它总是以最鲜明、最深刻的方式印在旅客的脑中,它不仅影响旅客的心理活动,而且还影响服务交往,甚至会影响服务工作能否顺利进行。为了给旅客留下鲜明、良好的第一印象,有些航空公司不惜代价,在民航服务人员的仪表、言行上花了很大的工夫。在服装、发型、化妆等方面或体现活力,或体现优雅,或体现时尚;在言行上,要求对旅客要有甜美的声音、和蔼亲切的微笑和热情、温和的态度。这样,使旅客一见到民航服务人员就能产生一个良好的第一印象,一听到民航服务人员的亲切问话就感到温暖,从而对整个航空公司产生良好的印象。旅客一旦对服务人员产生不良的第一印象后,要想改变它,是十分艰难的,往往要付出比前者大出几十倍的力气,才能动摇其印象。作为民航服务人员一定要重视旅客的这一心理因素,要意识到自己给旅客的第一印象不只是简单的个人形象,更重要的是整个航空公司的形象。

图2-15

（二）晕轮效应

晕轮效应,又称"光环效应"、"成见效应"、"光晕现象",是指在人际相互作用过程中形成的一种夸大的社会印象,常常表现在一个人对另一个人(或事物)的局部印象决定了他对这个人的总体看法,而看不准对方的真实品质,形成一种好的或坏的"成见"。所以晕轮效应也可以称为"以点概面效应",是一种主观推断的泛化、定式的结果。这种强烈知觉的品质或特点,就像月亮形成的光环一样,向周围弥漫、扩散,从而掩盖了其他品质或特点,所以又形象地称之为"光环效应"。

有时候晕轮效应会对人际关系产生积极作用,例如,你对人诚恳,那么即便你能力较差,别人对你也会非常信任,因为对方只看见了你的诚恳。

最典型的例子,就是当看到某个明星在媒体上曝出一些丑闻时总是令我们很惊讶,而事实上我们心中这个明星的形象根本就是他在银幕或媒体上展现给我们的那圈"月晕",他真实的人格我们是不得而知的,仅仅是推断的。

晕轮效应这种"以偏概全"的评价倾向,严重者可以达到"爱屋及乌"的程度,即只要认为某人不错,便认为他所使用的东西、跟他要好的朋友、他的家人都不错。流行的"追星族"便是青少年因喜欢某位明星的某一特征(唱的歌、长相、头发、行走姿势等)而盲目崇拜、模仿明星,甚至不惜代价去收集明星使用过的物品。有些人利用晕轮效应作用,刻意将自己打扮成某种人的外表,投其所好,从而行骗,屡屡得手。

相关链接

▶晕轮效应一词的由来

晕轮效应最早是由美国著名心理学家爱德华·桑代克于20世纪20年代提出的。他认为,人们对人的认知和判断往往只从局部出发,扩散而得出整体印象,也即常常以偏概全。一个人如果被标明是好的,他就会被一种积极肯定的光环笼罩,并被赋予一切都好的品质;如果一个人被标明是坏的,他就被一种消极否定的光环所笼罩,并被认为具有各种坏品质。这就好像刮风天气前夜月亮周围出现的圆环(月晕),其实,圆环不过是月亮光的扩大化而已。据此,桑戴克为这一心理现象起了一个恰如其分的名称"晕轮效应",也称作"光环效应"。

图2-16

晕轮效应在民航服务中,表现为旅客对民航服务人员和各航空公司某些方面较清晰鲜明的印象,从而掩盖了对民航服务人员和民航各航空公司的其他方面的知觉。虽然,从认知的角度来看,旅客的晕轮效应并非是全面、正确的,但它在服务交往中或多或少存在着,而且在旅客的知觉过程中起着非常重要的作用,它不仅会影响旅客知觉的正确性,而且还会影响旅客的行为。例如,当旅客在机舱遇到一个服务人员服务态度傲慢、冷漠,就会联想到这个航空公司的其他服务人员的服务态度也不会好,甚至会产生以后不再选择这家航空公司的想法和行为。由此可见,民航旅客的晕轮效应对服务交往和服务质量都有一定的影响。

(三)刻板印象

刻板印象是指人们对某一类人或事物产生的比较固定、概括而笼统的看法,是我们在认识他人时经常出现的一种相当普遍的现象。在日常生活中,有些刻板效应与地区、职业、年龄等方面有关。例如,一般人认为法国人浪漫、美国人现实、中国人踏实;老人弱不禁风、山东人直爽而且能吃苦、湖南人喜欢吃辣、东北人喝酒海量等,这些实际上都是"刻板印象"。刻板印象的形成,主要是由于我们在人际交往过程中,没有时间和精力去和某个群体中的每一成员都进行深入的交往,而只能与其中的一部分成员交往,因此,我们只能"由部分推知整体",也就是由我们所接触到的部分,去推知这个群体的"全体"。

刻板印象的例子在日常生活中比比皆是。例如,在20世纪70年代的电影中,当一个留着长发,蓄着胡子,戴着墨镜的人物一出现,你就会感觉这不是一个好人,肯定是一个坏蛋;当一个仪表堂堂,斯文而潇洒的人盗窃或杀人时,你会感到吃惊;一个你认为十分老实本分的人突然做了坏事,进了监狱,你往往难以接受这一现实,等等。由于刻板印象往往不是以直接经验为依据,也不是以事实材料为基础,只凭一时偏见或道听途说而形成的。因此,绝大多数刻板印象是错误的,甚至是有害的。

相关链接

苏联社会心理学家包达列夫做过这样的实验:将一个人的照片分别给两组被试者看,照片的特征是眼睛深凹,下巴外翘。向两组被试者分别介绍情况,给甲组介绍情况时说"此人是个罪犯",给乙组介绍情况时说"此人是位著名学者",然后,请两组被试者分别对此人的照片特征进行评价。

评价的结果,甲组被试者认为:此人眼睛深凹表明他凶狠、狡猾,下巴外翘反映他顽固不化的性格;乙组被试者认为:此人眼睛深凹表明他具有深邃的思想,下巴外翘反映他具有探索真理的顽强精神。

为什么两组被试者对同一照片的面部特征所作出的评价竟有如此大的差异?原因很简单,是人们对社会各类的人有着一定的定型认知。把他当罪犯来看时,自然就把其眼睛、下巴的特征归类为凶狠、狡猾和顽固不化,而把他当学者来看时,便把相同的特征归为思想的深邃性和意志的坚忍性。刻板效应实际上就是这样一种心理定式。

刻板印象一经形成,就很难改变。因此,在民航服务工作中,一定要考虑到刻板印象的影响。在民航服务中,它主要表现为旅客对民航服务人员和航空公司的刻板印象。旅客生活在社会各阶层中,信息渠道多种多样,难免会受到各种信息的影响对民航服务人员或航空公司形成刻板印象。这些刻板印象从其客观上看,可分为接近客观事实的和离客观事实较远的。前者有助于旅客的感知觉,也成为旅客了解民航的捷径;后者容易使旅客产生一种错误的知觉。旅客一旦形成这种刻板印象,就会用这样的刻板印象去衡量民航服务人员的服务质量,衡量航空公司,并会据此作出是否选择某航空公司消费的行为。为此,民航服务人员在服务过程中,正确对待旅客的刻板印象,不要因为旅客的一些远离客观事实的刻板印象而对其采取消极的态度或行为,而是应该用主动热情的态度和优质的服务来改变旅客原有的刻板印象,使旅客形成新的、良好的印象。

(四)定式效应

所谓思维定式效应,是指人们因为局限于既有的信息或认识的现象。人们在一定的环境中工作和生活,久而久之就会形成一种固定的思维模式,使人们习惯于从固定的角度来观察、思考事物,以固定的方式来接受事物。

小故事

▶智商160的阿西莫夫

美国科普作家阿西莫夫从小就聪明,年轻时多次参加"智商测试",得分总在160左右,属于"天赋极高者"之列,他一直为此而扬扬得意。有一次,他遇到一位汽车修理工,是他的老熟人。修理工对阿西莫夫说:"嗨,博士!我来考考你的智力,出一道思考题,看你能不能回答正确。"

阿西莫夫点头同意。修理工便开始说思考题:"有一位既聋又哑的人,想买几根钉子,他便来到五金商店,对售货员做了这样一个手势:左手两个指头立在柜台上,右手握成拳头做出敲击状的样子。售货员见状,先给他拿来一把锤子;聋哑人摇摇头,指了指立着的那两根指头。于是售货员就明白了,聋哑人想买的是钉子。聋哑人买好钉子,刚走出商店,接着进来一位盲人。这位盲人想买一把剪刀,请问:盲人将会怎样做?"

阿西莫夫顺口答道:"盲人肯定会这样。"说着,伸出食指和中指,做出剪刀的形状。

汽车修理工一听笑了:"哈哈,你答错了吧!盲人想买剪刀,只需要开口说'我买剪刀'就行了,他干吗要做手势呀?"

智商160的阿西莫夫,这时不得不承认自己确实是个"笨蛋"。而那位汽车修理工人却得理不饶人,用教训的口吻说:"在考你之前,我就料定你肯定要答错,因为,你所受的教育太多了,不可能很聪明。"

实际上,修理工所说的受教育多与不可能聪明之间的关系,并不是因为学的知识多的人反而变笨了,而是因为人的知识和经验越多,就会在头脑中形成越多的思维定式。这种思维定式会束缚人的思维,使思维按照固有的路径展开。

定式效应在民航服务中表现为民航旅客对服务人员的感知觉时,是指民航旅客已经有了一定的心理上的准备或印象,并把这些印象进行归类,从而对民航服务人员产生定式的现象。从认知的角度看,民航旅客的定式效应大多是以往的经验或根据过去掌握的一些现象或个别特点,加以推导形成的,它会对民航旅客的心理活动或行为产生一定的影响。

民航旅客的定式效应,包括有利于服务交往的和不利于服务交往的两大类。有利于服务交往的定式,例如,有些民航旅客因上次乘飞机接受了良好的服务,在这次乘飞机时就会产生这家航空公司的服务不错的定式,按上次的感觉来对待民航服务人员,对其采取友好、尊重的态度;不利于服务交往的定式,例如,上次乘飞机接受了糟糕的服务,便形成了民航服务质量差的印象,在这次乘飞机时面对民航服务人员就可能采取消极的态度,或可能因民航服务人员没能满足其要求而强化原有的思维:民航服务质量就是差。

民航旅客的不同心理定式会产生不同的效应,从而对其知觉、心理和行为产生影响。因此,民航服务人员必须把握好旅客的这一心理特点,尤其是一些远离客观事实的定式或不利于服务工作的心理定式,在思想上应有所准备,努力用优质的服务消除民航旅客的这些心理定式,而不是采取消极的态度,造成服务障碍。

第三节
民航服务人员对旅客的感知觉

民航服务人员对旅客的感知觉，既包括在民航服务过程中对旅客的直接感知，又包括服务交往过程中，服务人员受自身心理因素影响对民航旅客产生的感知觉。民航服务人员对旅客的感知觉与民航服务的质量有着非常密切的联系。如果民航服务人员能正确地感知旅客，不仅会减少服务工作的失误，而且可以为旅客提供优质和舒心的服务，从而赢得旅客的赞扬和肯定。

一、民航服务人员对旅客的直接感知

民航服务人员对旅客的直接感知，是指对旅客的外表、表情、言语等方面的直接感知，并由此来推测旅客的心理活动，以提供相应的服务。

(一)通过民航旅客的外表感知

在民航服务中，民航服务人员对旅客的感知首先来自于旅客的外表，例如，旅客的服饰、装束、发型等，对这些特征的感知，可以使民航服务人员了解旅客的性别、年龄、职业、文化程度等，形成对旅客的初步印象。

(二)通过民航旅客的表情感知

旅客的表情是民航服务人员对旅客感知的重要途径。通过旅客的言语表情、面部表情、体态表情等来感知其心理活动，了解他们的思想、情感、情绪、性格、气质等，从而为旅客提供优质服务。

小故事

▶ **理解万岁**

一次在飞深圳至北京的航班时，我看见一位中年妇女斜坐在椅子上睡着了，我怕她着凉，便拿了一条毛毯，给她轻轻地盖上。未曾想惊醒了她，她对我骂道："小赤佬，干什么?"我连忙解释，她根本不听。在送饮料时，只见她面色憔悴、眼圈发黑、情绪低沉。我想:她肯定缺少睡眠，心绪不佳，本来对她有点情绪，但顿生恻隐之心，我想应该理解她。在送饮料返回时，我主动诚恳地对她说:"实在对不起,刚才惊醒了您!"她也十分不好意思,连连说:"怪我不好,向你道歉。"由于我对她的理解、及时道歉感动了她,最终实现了我们的互相理解。她临下飞机时,主动向我招呼,并说了一句"理解万岁"。

(三)通过民航旅客的言语感知

言语是一个人与他人直接交往时感知他人的重要途径。在民航服务中,旅客的言语,是民航服务人员感知旅客的一个重要途径。民航服务人员通过旅客言语的内容及态度来理解旅客所要表达的意思和思想。因此,民航服务人员要善于观察和倾听,使自己准确理解旅客所要表达的意思,对旅客形成正确、清晰的感知觉。

二、民航服务人员对旅客的服务知觉偏差

在民航服务中,服务人员自身的心理因素也会影响其对旅客的感知觉,从而对民航服务质量产生很大的影响。民航服务人员自身的心理因素对旅客感知觉的影响主要有首因效应和定式效应。

(一)民航服务人员的首因效应

民航服务人员的首因效应,是指民航服务人员在服务过程中,通过对旅客的外表、面部表情、语言行为等方面而获得第一印象,并根据第一印象进行服务的心理状态。第一印象对民航服务人员的感知觉有着一定的影响,还可能影响到民航服务人员的态度。当民航服务人员对某一旅客有着良好的第一印象时,一般来讲,就会主动、热情地为其服务。相反,如果遇到一位衣冠不整、举止粗俗的旅客往往会产生一种厌恶心理,形成抵触情绪,从而在主动、热情为其服务上表现出不到位,或不愿予以理睬。"我看他就不顺眼,就不想理他"等,就是由民航服务人员对旅客的第一印象也就是首因效应而引起的结果。

首因效应必然给服务人员与旅客之间带来一定的距离,乃至形成一定的障碍,影响服务质量和公司形象。所以,作为民航服务人员必须充分认识到首因效应的负面影响,在服务过程中切记不能以貌取人,看人服务,更不能因为对某个旅客第一印象不好,表现出不冷不热,以致故意怠慢。

(二)民航服务人员的定式效应

民航服务人员的定式效应,是指民航服务人员在服务过程中的一种心理准备状态,即民航服务人员在以往的服务过程中所形成的某种经验或看法,并将这种经验或看法进行推论,而形成的一种心理上的准备。

飞行员驾驶飞机,十分强调操作的规范化、程序化。因为只有操作的规范化,才能保证动作的准确性,保证安全;只有操作的程序化,才能保证驾驶中减少差错失误。同样,民航服务人员的工作也要求强调工作的规范化、程序化,以减少工作中的忙乱,提高服务质量。不同的是,飞行员操纵的是飞机,而民航服务人员服务的对象是民航旅客,所以他们的工作既有相同之处也有明显的区别。规范化、程序化服务是对民航服务人员的起码要求,但由于民航服务人员服务的对象是各种各样的人,他们有各种各样的要求,所以提高服务质量又必须强调个性化服务。程序化服务是着眼于所有民航旅客的共性要求而制定的,而个性化服务是程序化服务的延伸,更加细化、更加具体、更加贴近各类民航旅客的要求,更能体现服务质量。

民航服务人员每天要接触大量的旅客,时间一长,势必产生"对象模糊"或"服务疲劳",一批又一批的旅客在民航服务人员心目中渐渐地就变成无个性、无区别的群体,无论旅客怎么变化,民航服务人员都是千篇一律地用一种眼光、一种方式、一种态度去对待旅客。事实上,旅客是一个个具体的、活生生的、有个性的人,有中国人、外

图2-17

国人、外籍华人、海外侨胞;有男有女、有老有少;有学者、专家、政府官员、企业家……由于他们的国籍、民族、性别、年龄、文化修养、心理素质、社会阅历、爱好、习俗等的不同,对服务的需要也不同,可以说是千差万别。如果服务人员不能看到这种差异,仍然用定式思维来对待千差万别的民航旅客,就会造成双方心理上的差异。当民航服务人员的这一定式影响到自身的知觉后,也就会影响对旅客的态度。作为一名民航服务人员,要在工作中努力克服心理上的这种定式,要明白我们的服务对象是一个个具体的、有个性的人,要根据旅客的不同特点,采取有针对性的、个性化的服务,才能让每一位旅客对我们的服务感到满意。

▶**追求旅客满意最大化**

读一读

作为一名乘务员,面对不同的服务对象时对自己身份的定位,应该按照旅客的需要不断变换自己的角色,对于老人、孩子、病人等特殊群体,你应该充当亲人、医生和护士的角色,给予无微不至的爱与关怀和训练有素的照看与护理,让他们体验亲情和温暖;对年轻人以及第一次乘机的旅游团体,你就是一位真诚的朋友,出色的导游,充分展示你的魅力,让他们体验真挚的友情,享受愉悦的旅程;对于乘坐头等舱、公务舱的要客,你应该是顶尖儿的秘书,温和的护理员,乖巧、精干的公关小姐,尽可能地发挥你的才华,尽可能地应用你的智商、情商,让旅客感受我们的文化、我们的品位。总之,对不同的旅客,需要你有不同的角色定位,能找准你的位置,将你的角色作用发挥到最好,发挥到极致,你就是成功的,你就是当之无愧的最出色的空中小姐,你将成为公司的掌上明珠,成为企业的宝贝。

思考与练习

1.作为一名民航服务人员,如何给旅客留下良好的第一印象?

2.举例说明什么是晕轮效应,什么是刻板印象,什么是心理定式?

3.案例分析。

一天,在某机场餐厅,服务员小张正在接待一位英国先生。这位先生点燃了一根香烟,边吸边拿着菜单点菜。小张在一旁等候,忽然,她感到这位先生开始左顾右盼,仔细观察,原来先生烟头上的烟灰已经很长了,她马上说了声:"对不起",立即紧走几步,到服务台上把烟灰缸拿过来,放在先生手下,只见先生手一动,烟灰不偏不倚地正好弹在刚刚放下的烟灰缸里。就餐完毕,英国先生离去,可是他走出几步后,又返回来了,冲着小张微微一笑,认真地说:"小姐,我下次来机场,还在你们餐厅就餐!"

请思考:这位英国先生为什么还要来这家餐厅就餐呢?试用影响民航旅客对服务人员感知觉的心理因素加以分析说明。

第三章

民航旅客的需要与服务

学习目标

1. 了解民航旅客的各种需要。

2. 掌握民航服务的内涵与本质。

3. 学会针对不同旅客,提供满足其不同需要的人性化服务。

案例导入

下面是一封来自一线旅客的表扬信:

我在外交部工作,今年10月20日结束在新加坡的半年学习后乘国航976航班回国。当我在行李大厅望眼欲穿地等到几乎最后一件托运行李并检查行李票时,才发现我有一件行李根本没被带上本次飞机,因为我压根就少了一张行李票。我当时的第一反应就是"找不回来了"。这件行李的自身价值不算高:一个伴随我在异国他乡拍下无数照片的高级三脚架和几件零星日用品。但若弃之,总是不免遗憾。在同事的鼓励下,怀着"死马当活马医"的侥幸心理,我找到了北京首都机场中国国际航空公司地面服务部行李查询办公室,当班工作人员热情耐心地接待了我,当然也说明了这件行李"失而复得"的难度,对此我十分理解,因为我没有任何凭证。

令我吃惊的是,三天后我收到了机场打来的电话,说东西找到了,即日从新加坡运来。第二天又通知我行李已到北京。更令我吃惊的是,当我与机场商量自取的方式时(因为我想象不到还有其他可能的方式),得到的答复竟是可以"送货上门"!现在"死马"不仅变成了"活马",而且已被送到了主人身边。

对此我感慨很多。我高兴的不只是我心爱的三脚架失而复得,而是从中看到了我们祖国的无限希望。我加入外交队伍30余年,长期在发达国家工作,对祖国所取得的每一点进步都有着常人体会不到的欣慰和激动。但在曾经的很长一段时间内,对比一些发达国家的优质服务,对国内服务业的一些不尽如人意之处只好急在心里。我在新加坡学习期间,有一天课堂上老师让我们举例说明自己曾经历过的"一次十全十美的服务"时,我想了半天还是举了一个在国外的例子,可心里却说"要是国内也能这样多好"。这件事以后,我可以自豪地告诉世人:我经历了一次最十全十美的服务是在我的祖国的首都——北京首都机场。

我非常感谢10月20日接待我的那位工作人员(是位女士,可惜我不记得她的尊姓了,所附登记单有其笔迹,可查),她的热情服务让我即使找不到失物也会感到阵阵的温暖。但更让我感慨的是,此事说明,一个与国际接轨的优质服务体系已在我国民航服务中建立起来,这才是最为鼓舞人心的。

首都机场是祖国的窗口,我向机场领导和全体职工表示衷心的感谢,并由衷地祝愿它越办越好。

乘客××

民航服务的本质,就是满足旅客的合理需要。只有及时地、充分地了解旅客的合理需要,才能提供细致、周到、热情的服务,让旅客满意。旅客的满意就是航空公司的声誉、品牌、客源和效益,也就是航空公司的市场竞争力之所在。所以,准确把握旅客需要,对高度职业化的民航员工,具有极为重要的意义。

第一节
需要以及需要层次理论

一、什么是需要

人类在社会生活中，早期从维持生存和延续后代，形成了原始的需要。我们饿了就需要食物；冷了就需要衣服；累了就需要休息；然而仅仅是温饱的需要还不够，我们为了生存和发展还必然产生社会需要。例如，通过劳动，创造财富，改善生存条件；通过人际交往，沟通信息，交流感情，相互协作。这些生理需要和社会需要反映在个体的头脑中，就形成了我们的需要。随着人类社会生活的日益进步，物质文化水平的提高，逐步形成了高级的物质需要和精神需要。为了这些需要，人们就必然去追求、去争取、去努力。因此，正如一些心理学家所说"需要是积极性的源泉""需要是人的思想活动的基本动力"。没有它的存在，人们有意识有目的的行为就不可能发生。

所谓需要，就是指人在社会生活中所必要的事物在头脑中的反映，是人产生行为的原始动力，是人与人之间共同一致的，具有普遍意义的激起心理活动的动力。需要是个体感到某种要求缺乏而力求获得满足的心理倾向，是个体的心理活动与行为的基本动力。

二、马斯洛需要层次理论

关于人的需要，心理学家们进行了大量的研究，提出了许多有价值的理论。其中美国著名人本主义心理学家马斯洛于1943年在他的《人的动机理论》一书中首次提出了需要层次理论，该理论比较系统、全面、有层次地概括和分析了的人们各种需要。他认为人有五个层次的需要：生理的需要、安全的需要、归属与爱的需要、尊重的需要、自我实现的需要。需要的这五个层次，是由低到高逐级形成并逐级得以满足的。生理的需要与安全的需要称为较低级的需要，而归属与爱的需要、尊重的需要与自我实现的需要称为高级的需要，如图3-1所示。

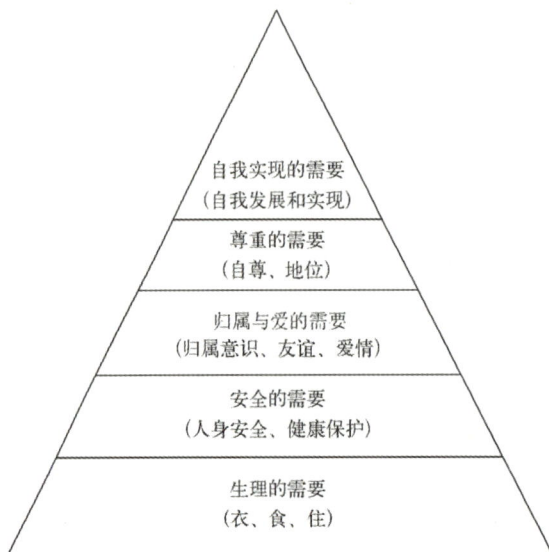

图3-1 马斯洛需要层次理论图

(一)生理的需要

生理的需要是指维持人类自身生命和生存的基本需要,包括对食物、水、住所和睡眠等方面的需要。马斯洛认为"人是永远有需要的动物",在一切需要之中生理需要是最优先的。对于一个处于极端饥饿的人来说,除了对食物外没有别的兴趣。

(二)安全的需要

安全的需要是指对安全、秩序、自由、稳定及受到保护的需要。当人的生理需要获得基本满足后,安全的需要即会出现,成为主要的需要,这是一种免于身体危害的需要。安全的需要包括许多方面:心理安全,希望解脱严酷监督的威胁,避免不公正的待遇等;劳动安全,希望工作安全、不出事故,环境无害等;职业安全,希望免于天灾战争、破产等;经济安全,希望医疗、养老、意外事故有保障。如果这种需要得不到满足,人就会感到威胁与恐惧。

(三)归属与爱的需要

马斯洛的归属与爱的需要包含两方面的内容:一方面是爱的需要,即人都希望伙伴、朋友之间的关系融洽或保持友谊和忠诚,希望得到爱情,也渴望能够爱别人和接受别人的爱;另一方面是归属的需要,即人需要一种归属感,一种要求归属于一个集体或群体的感情,希望成为其中一员并得到相互

图3-2

关心和照顾。归属、交往和爱的需要比生理需要来得细致。它和一个人的生理特性、经历、受教育状况、宗教信仰等都有关系。社会交往的需要与个人性格、经历、生活区域、民族、生活习惯、宗教信仰等都有关系,这种需要是难以察悟、无法度量的。

(四)尊重的需要

人的归属感一旦得到满足,他们就自觉地要求受到别人的尊重。尊重的需要可以分为内部尊重和外部尊重。内部尊重因素包括自尊、自主和成就感,是一个人希望在各种不同的情境中,自己有实力,能胜任,充满信心;能独立自主,有自尊心。外部尊重因素包括地位认可和关注等,即一个人希望有地位、有威望,受到别人尊重、信赖及高度评价。

马斯洛认为,尊重需要得到满足,能使人对自己充满信心,对社会满腔热情,能体会到自己的力量和生活在世界上的价值。但尊重一旦受到挫折,就会使人产生自卑感、软弱感、无能感,会使人失去生活的基本信心。

(五)自我实现的需要

自我实现的需要是指个人的成长与发展、发挥自身潜能、实现理想的需要。这是一种追求个人能力极限的内驱力,能最大限度地使自己的潜能得以发挥,不断完善自己,能够完成与自己能力相称的一切事情,是人类最高层次的需要。例如,音乐家演奏、画家绘画、诗人写诗,他们努力将自己的潜力发挥到极致,实现自我价值,这样他们的自我实现需要就得到了最大的满足。

马斯洛认为,低层次的需要,如生理、安全、归属与爱等需要,是直接关系到个体生存的需要,所以又叫"缺失需要";而高层次的需要,如尊重和自我实现的需要,不是维持生存所必需的,而是建立在人的潜能发挥、成就获得基础上的需要,是人成长、成熟的表现,所以又叫"成长需要"。

图3-3

人类的这五个层次的需要不是同时并列存在的,而是按层级次序逐渐出现的。低层次的需要得到一定程度的满足后,高层次的需要才会出现。而需要由低层次向高层次发展,实现的比例将是越来越少。据估计,在现代文明社会中,五个层次的需要得到的满足的比例是:生理的需要约85%、安全的需要约70%、归属与爱的需要约50%、尊重的需要约40%、自我实现的需要约10%。

马斯洛对人类需要进行系统研究,把千万种人类需要归纳为五个层次,并就五个层次需要的内容和层次间的关系作了详细阐述。这些阐述,在一定程度上反映了人类行为和心理活动的共同规律,对于如何激励人的行为和调动人的积极性有启发作用。参考马斯洛的需要层次理论,同时结合民航服务工作中民航旅客的不同需要,把握好旅客的合理需要,才能做好民航服务工作。

第二节
民航旅客的服务需要

民航旅客的需要既有一定的共性,又有不同程度的差异性。为此,民航服务既要顾及全体,又要注重个体化服务,最大限度地提高旅客的满意度。

读一读

▶国家民航总局围绕旅客需要开展为民服务创先争优活动

进入夏季,雷雨频发对民航运行会造成很大影响,航班延误和延误后服务跟不上,给旅客的出行带来诸多不便。针对这种情况,民航局以旅客需要为重,把治理航班延误作为为民服务创先争优的切入点。

回应旅客呼声,提高航班正常率。健全以空管局运行管理中心、地区空管局运行管理中心、空管分局为主体的三级航班运行常设协调指挥机构。严格管理航班时刻,规范流量控制,规定空管部门实施流量控制超过1小时的航班,由地区空管局或空管分局(站)运行管理中心批准;超过2小时的航班,由空管局运行管理中心批准,并在第一时间向社会公布。延误超过2小时的航班,空管部门必须优先安排飞机起飞,并确保已关舱门航班在30分钟内起飞。航空公司加强与空管部门沟通协调,根据天气情况、运力情况,合理安排旅客上机时间,避免关舱门后的航班延误和取消。出现大面积航班延误时,空管部门尽快提出恢复计划以及二次放行计划,主动协调军方开放临时空域和临时航线,并与航空公司运控部门认真监控实时飞行状况。空管局及各地区空管局、空管分局(站)分别完善处置预案,对大面积航班延误后的应急处置工作进行细化安排,在确保安全的前提下,努力提高航班正常率。

加强信息沟通,做好航班延误后服务。建立"民航旅客出行提示"发布平台,通过各大网站,发布每天全国机场实时天气及运行状况、航班延误情况等信息。机场设立呼叫中心,把航班延误或取消等动态信息,通过短信、广播等方式及时告知旅客。各机场进一步完善预案,每隔30分钟广播1次航班动态,在航站楼内电视屏幕上播放机场和周边地区的实时天气云图,并通过广播、电视、报纸、网络等分时段发布天气趋势、运行现状,缓解旅客等待过程中的焦躁情绪。发生航班延误,免费为旅客提供餐食、住宿,并根据旅客意愿做好退票和签转等服务。下放延误旅客安置、赔偿处置权限,增强处置工作灵活性。加强大面积航班延误情况下的医疗服务,配备服务巡视员,帮助旅客排忧解难。

强化责任落实,提供安全、便捷、优质服务。严格落实行政约见制度,对因航空公司自身原因导致长时间延误、或大面积航班延误后处置不力的航空公司,及时约见其主要负责人,提出整改措施;对于行政约见后仍未见改善的航空公司,坚决给予取消航线、航班的处罚。建立航班延误协调机制,发生大面积航班延误时,各单位党员领导干部第一时间到现场指挥协调。在努力提高航班正常率、改进服务工作的同时,各级党委和广大党员把确保安全作为服务人民群众的第一职责,开展安全大检查,提高民航安全水平,不断提升航班正常率和服务品质。

民航旅客的服务需要是多种多样的,具体而言,主要有以下几种服务需要。

一、提供餐饮

提供餐饮是民航服务的一个环节,对旅客来讲,飞机上不同口味的食物显得尤为重要。很多旅客对航空公司提供的餐饮的种类、口味期望值较高。他们关心饮料的种类是否齐全,饭菜是否卫生,口味是否可口。特别是对于那些长途旅客来说,令其满意的餐饮是他们长途旅行不可缺少的重要部分。航空公司在注重提高飞机的型号、

图3-4

性能、技术等硬性指标的同时,应加强航空公司餐饮改革的力度,不仅要讲究食物的精致、卫生,还要研究它的花色品种,注重色、香、味的搭配,以最大限度地满足旅客的需要。

二、保障安全

安全需要是民航飞行的第一需要。旅客在乘坐飞机时,最关心的应该就是自身的

人身安全了。很多人都会认为飞机是危险的交通工具,受传统偏见的影响,人们普遍感到坐飞机不安全。很多人初次乘坐飞机会有不同程度的焦虑感和紧张感,心中盼望尽快到达终点。除此之外,在旅行过程中,对人身的安全、财物的安全需要也是很强烈的。为此,航空公司要提高安全意识,加大管理力度,不仅要提高飞行员、地面技术人员的业务能力与素质,严把飞行关,还要加强对机上乘务人员安全知识的培训,使他们掌握相关的飞行业务知识,及时解答旅客的困惑,缓解旅客的紧张,妥善把握应急处置,满足旅客的安全需要。

▶寻找烟头

读一读

一次南昌飞北京的航班中,巡视客舱时我与一位刚从洗手间出来的旅客相对走来,远远的,我闻到一股烟味,我立刻问他是不是抽烟了?烟头扔在哪里?他一脸坦然:"对,我是抽烟了,不过你放心,我已经将烟头处理好了,不会着火的。"听了他的话,我简直哭笑不得,烟头是引起客舱起火的原因之一,飞机是一个全密封性空间,四周都有氧气瓶,因此只要点燃火源就有着火的可能性。烟头是否妥善处置事关全机旅客的生命安全,我立刻严肃地再次追问他烟头的下落,并简要说明了可能造成的严重后果。他听后也意识到了问题的严重性,有些紧张地说:"我就扔进垃圾桶了,但已用水熄灭了烟头,应该没关系。"还没等他说完,我快步走进洗手间,顾不上垃圾桶的脏,就开始在垃圾桶里翻找起烟头来。终于找到烟头了,我悬着的心才放下了,看着我在垃圾里用手翻找,那名旅客觉得很不好意思,一再向我道歉,并表示今后不会再在机上吸烟了。虽然虚惊一场,但如果旅客没有完全把烟头熄灭,如果我没有及时发现旅客抽烟,那等到烟雾报警器工作时可能就已经很被动了。

三、方便快捷

"时间就是生产力"的观念已深入人心。为了节省时间、提高工作效率、提高生活质量,越来越多的人倾向于把速度快、服务好、方便快捷的飞机作为主要交通工具。因此,各个航空公司的每个航班保证准点、快捷、方便至关重要,否则它的优势将大打折扣。许多航空公司为提高服务质量,树立良好形象,花大力气、下大功夫在各个环节加强管理、改善服务,力求满足旅客对方便快捷的需要,以赢得旅客的满意,从而获得良好的赞誉,树立良好的品牌。

相关链接

▶4小时以上长时间航班延误旅客最需要什么?

恶劣的天气环境导致航班长时间延误现象多发,并且出现了几起较大的群体性旅客纠纷,在此背景下民航资源网联合飞友网开展了一项针对民航业内人士和旅客朋友的调查"您认为延误4小时以上航空公司应该提供什么服务"?希望通过调查了解到长时间航班延误情况出现后航空公司如何服务,旅客又期望得到怎样的服务。

对待4个小时以上的长时间航班延误的服务,民航业内人士与旅客在延误赔偿的问题上的投票结果分析如下:

1.对酒店休息、饮料餐食取得了一致,两项在民航业内和旅客中都排名在前2位,业内人士和旅客投票比例分别达到了26.30%、24.60%和22.50%、20.60%。

2.在接下来排名第3、4位的选项上出现了分歧,15.3%的业内人士主张赔偿要按不同延误原因来定,10.90%的人则认为干脆赔300元了事;但旅客最需要的却是延误真实原因的通报、给旅客道歉,比例达到了17.40%和13.80%。

3.在涉及现金赔偿时,旅客选择最多的是300元现金赔偿,虽然这个比例只有11.20%,但低于300元的赔偿选项只有不到5%的比例,这也体现了如果真需要经济赔偿,旅客希望得到上限赔偿。

根据调查结果,业内应该关注的是旅客在延误4小时以上时最需要的服务,它们依次是:

1.酒店休息服务(22.50%)。

2.饮料,餐食(20.60%)。

3.及时发布真实消息(17.40%)。

4.端正态度,给乘客道歉(13.80%)。

5.300元赔偿(11.20%)。

四、环境舒适

旅客出门在外,除了需要安全、快捷,还希望整个旅程充满温馨与舒适。特别是民航旅客,他们对民航服务普遍寄予了较高的期望,希望物有所值,希望得到更加人性化的关怀和服务。为此,在民航业竞争日益激烈的情况下,各航空公司不但需要改善硬件设备,改善客舱环境;更需要民航服务人员为旅客营造和提供一个舒适的乘机体验。

图3-5

五、尊重

随着社会的发展、社会文明程度的提高、人们自主意识的加强,可以说,旅客对尊重的需要是越来越强烈了。民航旅客作为消费者,在消费过程中希望能够获得服务人员的理解和尊重、关心和帮助。其直接的表现方式就是希望民航服务人员为其提供周到、细致、热情的服务人性关怀。

图3-6

每个人都希望自身的价值得到认可和尊重,民航旅客在旅行中的尊重需要就是其个人主体地位意识得到反映。民航服务提供了优质服务,把美好留给客人,就会带来旅客自我存在、自我肯定的满足感,也就构成了民航旅客和服务人员之间的和谐。

> ▶把遗憾留给自己,把美好留给客人
>
> 成都双流机场贵宾服务部自组建以来即秉承"超前、个性、细微、充满灵性"的服务理念,用心与爱为来到这里的旅客搭建一方温馨天地,她们被旅客亲切地称作"贵花"(贵宾部之花),巧合"桂花"之意,这里的"桂花"四季飘香,为旅客的心注入了丝丝甜意。

读一读

　　5月底的一天,一早就下着大雨,分队长赵静在贵宾中心待命,看见门口停了一辆救护车,车上是一位外国籍的中年男子。她随即了解到这位先生患有脑偏瘫正在做恢复治疗,要在双流机场转机。当看见他的行动不便,外面又在下雨时,赵静立即和同事吴亚妮推来轮椅,考虑到坐在轮椅上脚也容易被淋湿,赵静马上拿来鞋套为外国友人将鞋子套上,并和同事们一起撑着伞将客人送上飞机,为他安顿好行李才放心离去,而做完这些的时候,姑娘们早已浑身湿透。但是对于她们来说,能得到旅客的一声感谢,就是对自己工作的最大支持。

　　"把遗憾留给自己,把美好留给客人"是双流机场管理中心贵宾服务部的服务人员时刻挂在嘴边的一句话,她们也正用自己的言行与微笑实现着承诺:为旅客想得多一些,更多一些,把自己的工作做得细一些,更细一些。

第三节
如何满足特殊旅客的服务需要

读一读

▶中国东方航空公司:关于特殊旅客的服务

1.特殊餐食

东航配有儿童餐、婴儿餐、普通素食、亚洲素食、低脂肪餐、低热量餐、低盐分餐、糖尿病餐、穆斯林餐、海鲜餐、水果餐等十余种特殊餐食以满足不同旅客的需要。如果需要特殊餐食,只要在购票时提出,工作人员就会把您的要求输入电脑,到达机场时,办票值机员还会再与您确认。在接下来的时间里,您就可以在蓝天白云间慢慢地享用您的美味了。

2.无成人陪伴儿童

东航有一项服务,叫作"小小旅行家",是专为5~12周岁、无成人陪伴单独乘机的儿童提供的。办理的手续并不繁杂:只需提前一周到东航售票处办理"无成人陪伴儿童"乘机申请,待确认了对方接机人后就可以购买机票。来机场前,您可拨打我们的"温馨预约"电话进行预约,告知您到达的时间,我们的服务员会一路带领您的孩子办理各类手续。由于儿童旅客的年龄较小,每一位小旅客都有"温馨姐姐"提供服务。在整个乘机过程中,"温馨姐姐"将始终陪同小旅客下棋、看儿童读物、讲故事等,为小小旅行家们提供良好的服务。

上飞机时,我们会把孩子交给乘务员,乘务员会在飞机上对孩子进行精心的照顾;下机时,已收到电报的到达站服务员会准时来登机口迎接,帮助办理相应的手续,直到把孩子交给您的家人。

"小小旅行家"们一路上不仅有东航的叔叔阿姨的精心呵护,还会收到一张奖状作为这趟"勇敢旅行"的永久纪念。孩子需要独立,也需要关心。东航"小小旅行家",大人放心,小孩开心。

3.轮椅服务

"轮椅走天涯"是东航专为病残或行走不便的旅客量身定做的服务项目。如果您的家人需要我们提供轮椅服务,可在订座时提出,您的需要信息会从售票处转到机场,也可拨打"温馨预约"电话和我们联系,我们的工作人员就会备好轮椅准时在柜台恭候。乘机手续、安检、边防等手续,我们都将一路协助办理,还会给飞机上的乘务员做好交代,在飞机上,旅客会受到乘务员的照顾。到了目的地,服务员会提前备好轮椅来迎接。

4.怀抱婴儿专座

在东航飞机上,有一类特殊的座位,是专门为怀抱婴儿的旅客设计的。这些座位往往比一般座位间距要宽,座位前隔离板上的两个特别铆钉,可以用来放置婴儿摇篮。只要您在购票时提供信息,售票员将婴儿信息输入电脑,我们的工作人员就会提前给您预留这种婴儿座位。

特殊旅客是指在年龄、身体、身份等方面情况比较特殊,有别于其他旅客的旅客。因为他们的身份特殊,进而也会产生较为特殊的服务需要。根据实际情况,我们对特殊旅客的服务需要进行了一定的分类。

一、老、弱旅客的服务需要

人到老年,体力、精力开始衰退,生理的变化必然带来心理的变化。老年人在感觉方面比较迟钝、反应缓慢;活动能力逐渐减退,动作迟缓,应变能力差。此外,老年人的心境寂寞,孤独感逐渐增强,对是否受到尊重特别敏感,内心渴求他人的关心和帮助。他们在乘坐飞机的旅行过程中特别关心航班的安全,担忧在飞机起飞和降落时自己能否适应,需要温馨

图3-7

的、周到的、细致的服务。因此,空中乘务员与老年旅客讲话时速度要放缓、声音稍微大一些,要主动关心,给予他们特殊的帮助。

体弱的旅客既有很强的自尊,又有不同程度的自卑感。因此,作为空中乘务员应尽可能多地去关心和帮助他们。

二、病、残旅客的服务需要

病、残旅客，是指在乘机过程中突然发病的旅客和有生理缺陷的旅客。他们需要及时的、细心的帮助。需要注意的是，残疾旅客自尊心都极强，一般不会主动求助服务

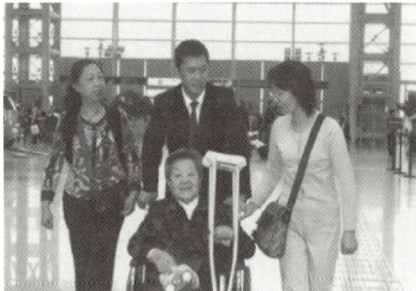

人员，总是要显示他们与正常人无多大区别，不愿意别人讲他们是残疾人，或把他们看成残疾人。

对此，民航服务人员要了解这类旅客的心理，需要特别尊重他们，并且讲究方式、方法地照顾他们，让他们既满足了自尊心，又得到了无微不至的关爱和帮助，从心底体会到温暖。

图3-8

三、儿童旅客的服务需要

儿童旅客主要指年龄在5周岁到12周岁的无成人陪伴，单独乘机的旅客。儿童旅客的基本特点是：性格活泼、天真幼稚、好奇心强、善于模仿、判断能力较差、做事不计后果。

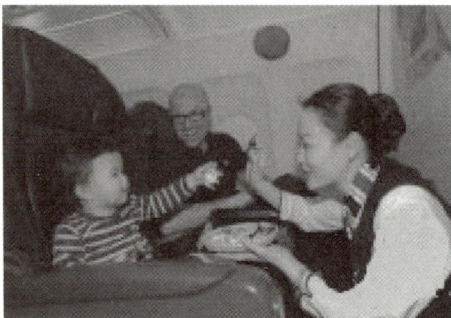

鉴于儿童旅客的这些特点，空中乘务员在服务时，尤其要注意防止一些机上不安全因素的发生。例如，要防止活泼好动的小旅客乱摸乱碰飞机上的设施；飞机起飞、降落时要注意防止小旅客四处跑动；给小旅客提供热饮时，要防止他们碰洒、烫伤等。无人陪伴的儿童，航空公司根据协议，最好派专门乘务员负

图3-9

责照看，以防止意外。

四、初次乘机旅客的服务需要

初次乘机旅客的心理，一般来讲主要是缺乏乘机知识、好奇和紧张。因为民航运输毕竟不同于汽车、火车、轮船的运输。因此，初次乘机者对民航的一些设备、环境等都十分好奇，对飞机的安全心生疑虑，有的旅客还非常紧张。

　　为满足初次乘机旅客的新奇感,空中乘务员要主动为他们介绍本次航班的情况。例如,机型、飞行高度、地标等,以满足他们的好奇心。首先,初次乘机的旅客缺少乘机知识,空中乘务员要主动、耐心地介绍,不要指责或嘲笑他们,避免使旅客感到不必要的内疚和尴尬。其次,初次乘机的旅客内心比较紧张,也许会对飞机这种交通工具的安全性不放心,空中乘务员要针对这种心理,一方面,介绍飞机是在所有交通工具中安全系数最大的,让旅客放松心情。另一方面,亲切地与他们交谈,以分散他们的注意力,使他们感到乘坐飞机不仅快捷,而且是安全舒适的。

五、重要旅客的服务需要

　　一般来讲,重要旅客有着特殊的身份和较高的社会地位。他们比较典型的心理特点是自我意识强烈,希望得到相应的尊重;与普通旅客相比,他们更注重环境的舒适和接受服务时心理上的感觉;同时,由于乘坐飞机的机会可能比较多,他们在乘机过程中会有意无意地把各个航空公司、各条航线的机上服务作比较。

　　不少重要旅客一进机场就享受到了VIP服务。空中乘务员为他们服务时要特别注意言语得体、落落大方、热情周到,还应该注意提供个性化服务。例如,

图3-10

当重要旅客一上飞机,最好能够准确无误地叫出他们的姓氏、职务;当重要旅客递给空中乘务员名片时,应当面读出来,这样可使重要旅客有一定的心理满足感。同时,在提供周到的物质服务的前提下,更应该注意与重要旅客进行共鸣性的交流,使他们的旅行不仅舒适、愉悦,享受了VIP的接待,而且对航空公司和服务人员留下深刻而美好的印象。

▶重要旅客"来袭"

信息窗

　　重要旅客的范围：省、部级（含副职）以上的负责人；军队在职正军职少将以上的负责人；公使、大使级外交使节；由各部、委以上单位或我驻外使、领馆提出要求按重要旅客接待的客人。

　　重要旅客是航空运输保证的重点，认真做好重要旅客运输服务工作是民航运输部门的一项重要任务。

六、国际旅客的服务需要

图3-11

　　国际旅客主要包括旅行旅客和长期旅客。我国改革开放30多年了，国际化程度越来越高，来我国旅游、考察、留学和工作的外国人越来越多，中国古老灿烂的文化对他们有着强烈的吸引力。但是很多外国人不懂汉语，在交流上存在着语言障碍，而且不同文化背景下非语言的交际方式也会存在差异。例如，东方人相互交谈时一般不直视对方，并且还会因交际双方年龄、地位、性别等因素有所差异，而西方人则希望对方目视自己以示尊敬；在中国文化中点头表示肯定，而有些国家的文化中点头表示否定，等等。因此，在旅行过程中，特别是在一些突发情况下，如航班延误等，往往会给他们带来诸多不便。所以，我们在为国际旅客服务时，往往就要了解他们此行的目的，能用较熟练的外语与他们交谈，并注重不同文化的沟通交流中非语言交际方面的礼仪、习俗等问题，尊重国际旅客本国的文化和行为习惯。值得注意的是，在为外宾服务的过程中要不卑不亢，保守国家秘密，维护民族尊严。

考考你

孕妇是特殊旅客吗，她们乘机需要办理特殊手续吗？什么情况下不予接受运输呢？

相关链接

▶浅谈如何提高空乘对国际旅客服务需求的把握

民航资源网2011年4月29日消息：对于空乘服务人员来说，与乘客的交流、沟通是空乘服务的主要内容之一。而对于国际航班的空乘服务来说，由于乘客来自不同的国家或地区，其语言、文化、习俗等与空乘服务人员差别很大，这就需要空乘服务人员具备不同文化之间沟通交流的能力。尤其是当前我国航空运输业正在不断地开放，国外具有竞争实力的航空公司已经走进了中国市场来参与竞争，而服务质量的优劣将直接影响乘客的满意程度，影响到乘客再次消费的去留。对航空公司参与市场竞争有着直接的关系。因此提高空乘服务人员不同文化间沟通交流的能力，把握国际旅客服务需求具有极为重要的作用。

1.提高空乘服务人员沟通交流基本能力

空中乘务是一个需要和不同人群广泛接触的服务行业，是各航空公司及整个民航运输的窗口。随着我国民航事业的不断发展，国家改革开放的不断深入，越来越多的国际旅客来到中国，这使得各航空公司对空乘服务人员的英语水平要求日益提高，特别是空乘服务人员的英语听说能力。地道的发音，清楚的表达，以及如何对乘客的要求做出语言上适当的回应，是空乘英语能力方面的重点内容。空中乘务这一服务职业的特点，要求从事这一职业的人员具有与不同人群良好交流的能力，而英语作为在世界范围内应用最广泛的语言，成为空乘服务人员必须熟练掌握的工作语言之一。因此，要想提高与国际乘客的沟通交流效果，准确把握国际乘客服务需求，空中乘务员必须提高英语听力能力和口语能力。

2.提高沟通交流中的耐心

耐心是乘务员在工作中化解矛盾的一种重要素质。优质服务是服务方、服务对象、服务内容三元素所共同营造的和谐统一的美好境界，在服务的三元素中，最难把握的就是服务对象——旅客的情绪和举动。国际旅客可能由于语言不通、文化差异造成沟通效率下降等问题，导致其往往容易产生焦躁情绪。

要使国际旅客在旅程中愉快、自然地配合空乘服务人员的工作，需要空乘服务人员不厌其烦地关注和满足旅客的合理需求，及时化解出现的问题和矛盾，努力营造一种积极解决问题的氛围感染旅客。尤其是在航班飞行不正常、旅客情绪激动的情况下,更需要空乘服务人员以极大的耐心来安慰或感动旅客。

思考与练习

1.人最基本的需要是什么?满足了最基本的需要,人又会追求哪些新的需要?

2.人的社会性需要包括哪些?

3.如果你是配餐部负责人,请你思考如何改善民航配餐?

4.情境体验:假如有初次乘机的旅客、老人、残疾旅客、一个国际旅行团乘坐你当班的航班,你将如何为他们服好务?

第四章

民航旅客的个性
心理特征与服务

学习目标

1.了解气质、性格的基本知识。

2.认识不同气质类型旅客的个性心理特征。

3.学会根据民航旅客的个性心理特征有针对性地做好民航
服务工作。

案例导入

我的包里装有炸药

"我的包里装有炸药!"在飞机起飞前,一名旅客大声对空姐说。

××日,厦门机场警方通报称,下午2时35分,机场派出所接到现场运行中心紧急报告,因飞往张家界的CZ3980航班机组怀疑旅客詹某的行李中有炸药,要求相关部门排除险情后飞机才能起飞。

机场警方随即对其进行核查,最后确认詹某的行李中并没有炸药。警方目前已查实,詹某是由于对空姐不满,发泄情绪才谎称行李中有炸药的。

对于案发过程,警方介绍,当时詹某放在飞机行李架上的一个塑料袋中装有几罐茶叶,因为没放好,空姐在整理行李架时茶叶罐滚了出来,空姐要求詹某把行李放好,詹某则要求空姐替自己放。

据介绍,空姐称不清楚行李中装的是什么东西,坚持要求詹某自己放,不耐烦的詹某便对空姐说,包里装的是炸药;出于职业敏感,机长认为要确认詹某行李中没有炸药后飞机才能起飞。

詹某被强制带下飞机,警方认为,在特定场合,詹某讲了"炸药"这个敏感字眼,导致机组人员产生恐慌心理,造成了恶劣影响,其行为扰乱了公共秩序,决定依法对其处以行政拘留5日。

一个人的心理活动,总是带有自己的特点,而且这些个体心理活动的特点还会以某些形式固定下来,使这些特点带有经常性、稳定性。心理学把在某个人身上经常地、稳定地表现出来的心理特点的总和称作个性。每个人不同的能力、气质、性格上的特点,构成了人们心理上的差异,即个性心理特征。上述案例中的詹某,因为不满空姐的服务态度,谎称行李中有炸药,就是其个性使然,从而说出那么极端的话。

第一节
探索自我个性从这里出发

　　世界上不存在两个个性完全相同的人。例如,在能力上的差异,有人从小表现出超人的艺术、音乐的才能,有人则在数理逻辑上出类拔萃,这些是标志人在完成某种活动时潜在可能性的特征。有人做事快速灵活,而有人做事迟钝稳重,这种在心理活动的强度、速度、稳定性、灵活性上的差异,是高级神经活动在人的行为上的表现,称为气质。有人内向、有人外向,有人活泼开朗、有人沉默寡言,这些体现在人对现实态度和相应的行为方式上的差异,称为性格特点。一个人的个性往往通过气质、性格、能力等方面表现出来。

　　一个人的个性,一部分是天生的,生而有之,这部分极其稳定,如气质;另一部分是人在社会生活中形成和发展而成的,也较稳定,但在某些特定的条件下能发生变化,如性格、能力等。

　　一个人的个性结构系统主要包括气质、性格与能力等成分。不同成分从不同侧面反映着个性的差异。其中,气质,是体现在高级神经活动类型上的差异;性格,是体现在社会道德评价方面的差异;能力,则体现人的综合素质与自我发展的差异。

一、气质的类型

　　气质,是人的个性心理特征之一。它是指在人的认识、情感、语言、行为中心理活动发生时力量的强弱、变化的快慢和均衡程度等稳定的动力特征,即气质是心理活动表现在强度、速度、稳定性和灵活性等方面动力性质的心理特征。

　　气质相当于人们日常生活中所说的脾气、秉性或性情。它与日常生活中人们所说的"脾气"、"性格"、"性情"等含义相近。

　　(一)气质的由来

　　公元前5世纪,古希腊医生希波克拉底提出了气质这个概念,后来罗马医生盖仑作了整理。他们认为人有四种体液——血液、黏液、黄胆汁和黑胆汁。这四种体液在每个人体内所占的比例不同,从而确定了胆汁质(黄胆汁占优势)、多血质(血液占优势)、黏液质(黏液占优势)、抑郁质(黑胆汁占优势)四种气质类型。他们认为四种体液协调,人就健康,四种体液失调,人就会生病。机体的状态决定于四种体液混合的比例。这种体液的混合比例在希腊语中叫作"克拉西斯"。希波克拉底开创的气质四种类型说,之所以被沿用到现在。第一,这一学说试图从化学元素方面探讨气质的生理机制,为以后的气质研究开辟了一条希望之路;第二,他们对四种气质类型的分析一定意义上符合人的实际情况,比较具有现实意义,在各个历史时期都可以找到典型人物。

> ▶**那些纷呈的气质学说**
>
> 　五行说：将人分为金、木、水、火、土型;
>
> 　体液说：胆汁质体内的黄胆汁占优势，直率热情，多血质体内的血液占优势，活泼好动;黏液质体内的黏液占优势，安静平稳;抑郁质体内的黑胆汁占优势，情感、行为孤僻。
>
> 　体型说：斗士型，固执、严格、理解迟钝和冲动性。肥胖型，社交、有温情和感情，情绪变化不定，时狂时郁。瘦长型，沉默寡言、怪癖、神经质和多思虑。
>
> 　血型说：认为人的气质和血型有关，这个学说曾经在日本还流行过一段时间。

相关链接

(二)四种气质类型的特征

1.胆汁质

感受性低,耐受性高;反应不随意性占优势;外倾性明显,情绪兴奋性高,抑制能力差;反应快,但不灵活。这类人精力旺盛、态度直率、激动、热忱,情绪易于冲动,心境变换剧烈,脾气暴躁,不稳重,好挑衅,情感产生快、强烈而外露,言语行为快捷有力,易兴奋,自制力差,性急粗心,可塑性差,缺乏耐心。胆汁质的人活动具有明显的周期性,埋头于某工作或事业时,有不可遏止和坚韧不拔的劲头,而当精力耗尽时,易失去信心,行为上表现出不平衡。

▶揭秘胆汁质型旅客

信息窗

喜怒极其容易表现出来，容易冲动，情绪变化激烈，行为干脆利落，不能接受拖拉，"急性子"的旅客多半属于胆汁质的气质类型。你可千万别和他这样的急性子硬碰硬，"以柔克刚"是良策。我们给它一个形象的名字就叫"兴奋型"旅客吧。

2.多血质

感受性低，耐受性高；不随意反应性强；具有可塑性；情绪兴奋性高；反应速度快而灵活。这类人活泼、好动、反应迅速，喜欢与人交往，注意力容易转移，兴趣容易变换；具有很高的灵活性，容易接受新鲜事物；反应速度快而灵活，善于交际，在集体中容易处事，朝气蓬勃，姿态活泼，表情和语言生动而具有感染力，有较高的主动性。多血质的人在活动中能表现出充沛的精力，能迅速地把握新事物，在有充分自制能力和纪律性的情况下，会表现出巨大的积极性。兴趣广泛，但情感易变，如果事业上不顺利，热情可能消失，其速度与投身事业一样迅速。从事多样化的工作往往成绩卓越。

▶揭秘多血质型旅客

信息窗

热情活泼，喜欢攀谈、爱说笑的"见人熟"，言行举止敏捷，反应机智灵活的旅客多半属于多血质的气质类型喔。他们可受不了别人对他们冷冰冰的态度，热情待他们，满足他们好交际的特点是良策。我们给它一个形象的名字就叫"活泼型"旅客吧。

3.黏液质

感受性低，耐受性高；不随意的反应性和情绪兴奋性均低；内倾性明显，外部表现少；反应速度慢，具有稳定性。这类人安静、稳重、反应缓慢、沉默寡言，情绪不易外露，注意力稳定但难于转移，善于忍耐。黏液质的人持重，交际适度，不作空泛的清谈，情感上不易激动,不易发脾气,也不易流露情感,能自制,也不常常显露自己的才能;能够长时间坚持不懈、有条不紊地从事自己的工作,但有些事情不够灵活,不善于转移自己的注意力。惰性使他们容易因循守旧,表现出固定性有余,而灵活性不足。但是,他们考虑问题全面以及性格的一贯性和确定性往往能够长时间始终如一地从事枯燥单调的工作。

▶揭秘黏液质型旅客

情绪平稳、安静稳重、固执怯懦,反应为从容不迫、言行拘谨自治、善于隐忍和克制的旅客多半属于黏液质的气质类型喔。他们可不喜欢累赘和啰唆,言简意赅、尊重他们的安静就好。我们给它一个形象的名字就叫"安静型"旅客吧。

信息窗

4.抑郁质

感受性高,耐受性低;不随意的反应性低;严重内倾;情绪兴奋性高;反应速度慢;具有刻板性,不灵活。这类人情绪体验深刻,多愁善感,容易察觉他人不易察觉的细节;行为较迟缓,较孤僻,犹豫不决、优柔寡断,但细心、谨慎,感受能力强,在友好团结的集体中,能与人融洽相处。抑郁质的人内心情感丰富,易动感情但爆发性差;具有想象力,做事细致认真,比较刻板。

▶揭秘抑郁质型旅客

心绪消沉,反应迟钝、缓慢、犹豫,冷漠孤僻寡欢,感情脆弱,一点点刺激就容易引起忧郁情绪的旅客多半属于抑郁质的气质类型喔。他们挺敏感,也很在意细节,你可千万要注意和他们沟通的方式和用语。我们给它一个形象的名字就叫"沉闷型"旅客吧。

信息窗

在实际生活中,典型的某种气质类型的人并不多,多数人都是混合型气质,且以两种气质混合的(双质型)居多,三种气质混合的(三质型)人并不多。

看一看

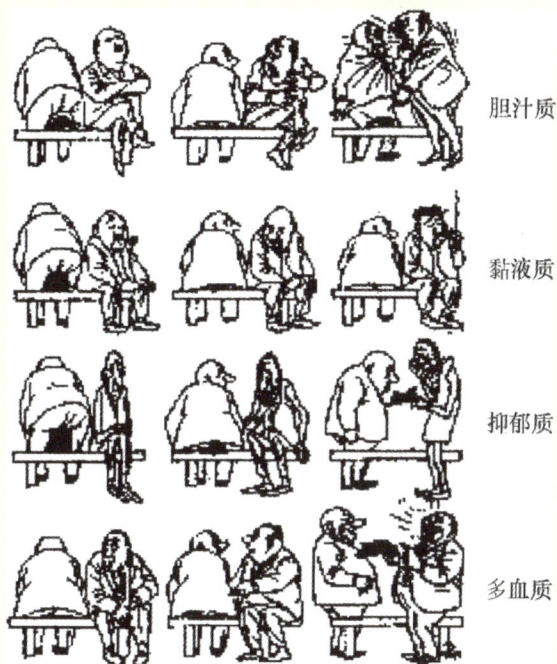

图4-1　图解四种气质类型

二、性格与气质

(一)性格的含义

性格一词来自希腊语,原意是特征、特性、属性。它是个性当中最突出的方面。今天我们理解的性格,乃是一个人在社会实践活动中所形成的对人、对事、对自己的稳固态度,以及与之相适应的习惯化了的行为方式。例如,有的人勤勤恳恳,赤胆忠心;有的人则漂漂浮浮,敷衍了事;有的人待人接物慷慨,热情;有的人则吝啬,冷淡;在对自己的态度方面,有的谦虚,有的高傲,有的勤勉,有的懒惰。这些都是人们不同的性格特征。

▶**性格的分类**

1.按心理过程的优势方面分类

(1)理智型。以理智来衡量一切并支配行动。

(2)情绪型。情绪体验深刻,行为主要受情绪影响。

(3)意志型。有较明确的目标,意志坚持,行为主动。

2.按心理活动的指向性分类

(1)内倾型。重视主观世界,常沉浸在自我欣赏和幻想之中,仅对自己有兴趣,对别人或外界事物则冷淡或看不起。

(2)外倾型。重视客观世界,对客观的事物及人都感兴趣。

通常,人们把内倾型称为内向,外倾型称为外向。

(二)性格与气质的关系

性格与气质紧密联系在一起,互相渗透,互相影响,互相制约,关系极为密切。具体表现为:

1.气质给性格特征"打上烙印,涂上色彩"

正如巴甫洛夫所说:气质"赋予每个个体的全部活动以一定的外貌"。例如,从事民航服务工作的职业要求和服务人员的性格特征应该是热爱本职工作、文明、礼貌、周到、热情,但不同气质类型的人在工作中的表现则大不一样。胆汁质的人干起活来精力旺盛,热情很高;多血质的人则总想找点窍门,少用力,效率高;黏液质的人则踏实苦干,操作精细;抑郁质的人则累得筋疲力尽还是赶不上别人。又如,同样是骄傲,胆汁质的人可能直接说大话,甚至口出狂言,让人一听就知道他骄傲;而多血质的人很可能把别人表扬一通,最后露出略比别人高明一点,骄傲得很婉转;黏液质的人骄傲起来可能不言不声,表现出对人的蔑视。此外,气质对性格的影响还表现为气质可以影响性格形成和发展的速度、动态。例如,胆汁质的人比黏液质、抑郁质的人更容易作出草率决定,而黏液质的人则比多血质的人办事更稳重。而且,胆汁质、多血质的人易于形成外向性格,黏液质、抑郁质的人易于形成内向性格。

2.性格在一定条件下可以改造某些气质特征

例如,从体质上和操作速度上来说胆汁质和多血质的人适于当外科医生,但前者易轻率,后者缺耐心。如果他们真的当了外科医生,这两种不同气质特征都会经过意志努力而改正。又如,不同气质类型的人可以形成同样的性格特征,具有相同气质类型的人又可形成不同的性格特征。所以,在气质基础上形成什么样的性格特征,在很大程度上取决于性格当中的意志特征。

第二节
民航旅客的个性特征及服务

任何人都有可能成为民航旅客,他们有着不同的个性特征,这就需要我们民航服务人员对不同旅客的个性心理特征有较深的了解。在民航服务过程中,不同个性特征的旅客和民航服务人员发生争执的情况也会时有发生,有的甚至因此做出过激的事情。因此,只有"对症下药",才能更好地提供服务。

读一读

▶飞机上救生衣的遗失

一名姓曹的旅客计划乘飞机从广州飞往西安。登机前,安检人员通过X射线检查发现曹某的行李中有3件救生衣,于是提出疑问。曹某谎称是朋友送的,但安检人员一眼就识别出这种救生衣系飞机专用,对其再进行询问。曹某知道逃不过安检,只能承认救生衣是在从西安飞往广州的飞机上"顺手"拿的。

原来,来自陕西省铜川市的曹某7月4日从西安来广州出差,因为在飞行途中与空姐发生矛盾,就决定偷拿飞机上的物品来报复,心想这样可以让空姐因丢失物品而受到处罚。

这时,飞机遇到气流颠簸,从曹某的座位下滚出一件救生衣。曹某打开来看,觉得质量不错,想到现在天气炎热,游泳时也许能派上用场,便起了贪念,把救生衣据为己有。他觉得一件不够,还把身旁两个座椅下的救生衣也塞进了自己的行李包。

曹某拿了救生衣后,顺利离开机场。但他没想到的是,自己离开广州时却因这些救生衣受阻。安检人员发现其行李中藏有飞机专用救生衣后,马上通知了机场公安来处理。随后,曹某被请到机场派出所进行询问。曹某对偷救生衣的行为供认不讳,机场警方依照《治安管理处罚法》对曹某作出10天的治安拘留。

气质对人的实践活动有很大的影响,因此,无论民航旅客的气质,还是民航服务人员的气质,对服务工作都会有这样或那样的影响,所以,作为一名民航服务人员,除了认识自己的气质及其特点外,还要学会掌握不同气质类型民航旅客的个性特征。

一、不同气质旅客的个性特征与服务

(一)胆汁质的旅客

1.个性特点

这种类型的旅客由于脾气火爆,直来直往,因此在候机、办理手续、进餐、结账时容易显得心急火燎,不耐烦;这种气质类型的人对人热情,易激动,喜欢大声说话,毛手毛脚;不能克制自己,易发怒,常丢东西;精力充沛,情绪发生快而强、言语动作急速难于控制;由于他们感情外露,故容易激动、发火,一旦被激怒一般不容易平静。

2.服务要点

针对这类旅客,服务人员的服务速度要快,办事要高效率、不拖拉;避免与他们发生争执,出现矛盾应主动回避,不激怒他们;注意并提醒他们不要丢失东西;给他们以机会表现自己,多注意活动组织;万一发生矛盾应该避其锋芒,不计较他们有时不顾及后果的冲动言语,不可针锋相对,使矛盾激化。

(二)多血质的旅客

1.个性特点

外向、大方,面部表情丰富,善于交际,容易结交新朋友;好打听消息,对各种新闻感兴趣,受不了孤独和寂寞,富有同情心;活泼好动,富于生气,情绪变化快而多变,思维、言语、动作敏捷,乐观、亲切、浮躁、轻率。

2.服务要点

服务人员在服务中要注意其好动的特点。多介绍、安排新颖有趣、富有刺激性的活动;对他们主动热情的交往要诚恳相待,不要不理不睬,以满足他们爱交际、爱讲话的特点;提供服务速度要快,多变花样,避免啰唆、呆板。

(三)黏液质的旅客

1.个性特点

感情比较平稳,情感很少外露,服务人员猜不透他们需要什么;温和稳重,做事慢;好清静,做事谨慎,无创新;沉着冷静,情绪发生慢而弱;思维、言语、动作迟缓,外部情绪表现少,缄默、坚忍、执拗、淡漠。

2.服务要点

服务人员不宜用激动的口吻和他们说话;安排的座位尽量僻静,不要过多打扰;活动项目不可安排太紧凑,内容不要太繁杂;有事交代应该直截了当,简单明了,说话慢些,不要滔滔不绝,重点处要重复;凡事不可过多催促,允许他们考虑。

(四)抑郁质的旅客

1.个性特点

喜欢独处,不苟言笑,不爱凑热闹,说话慢,有想法和意见却不爱言说;自尊心强,容易因小事而怄气;柔弱易倦,情绪发生慢而强,情感体验深刻,心思细腻;言语、动作细小无力,胆小、忸怩、孤僻。

2.服务要点

对他们要特别尊重,处处照顾他们且不露声色;说话态度温和诚恳,切勿命令指责;不和他们开玩笑,不和他们说无关的事,以免引起误会;安排的座位应清静而不冷僻,随时关照但不要打扰他们;有事和他们商量要把话说清楚,说话应该慢些,以免引起猜忌和不安。

由于民航旅客自身的气质差异,这些差异在服务过程中有不同的表现,因此,民航服务人员应掌握气质的基本理论,根据旅客的不同个性特点,进行有针对性的服务,使自己能更好地胜任工作。

小故事

▶ **看彩霞姐出招**

安检工作的执法性、强制性特点决定了其与空乘服务、餐饮服务等相比,难度更大,更不容易让旅客理解和接受。对此,毕业于四川某航空专修学院的吴彩霞对自己从事的安检岗位有自己的想法和见解:"日常工作中,是会有部分旅客不理解、不支持、不配合安全检查,甚至侮辱谩骂、出手打人;作为安检员,我们除了要选择忍让和坚守外,更需具备冷静的头脑,掌握一定的服务技巧,灵活地处理问题。"

一次,一名老人因他买给孙子的"子弹炮"工艺品不让随身带而在通道里大声吵闹,一屁股坐在通道里拒绝离开,怎么劝说都不行,本来过安检时已是登机时间了,一阵吵闹延误了飞机后,非要安检负责其损失。正好吴彩霞碰到此事,她细一琢磨,仅在规定上同老人争论肯定解决不了问题,而且老人属于脾气急躁的胆汁质气质类型的人,越争论越会使他失去理智,帮他解决困难才是关键。

于是,她先安慰老人,待其"火气"平息后,才带他去航空公司咨询,经过多方协调终于帮其改签了下一个航班,同时帮助老人办理好托运手续。做好一切后，见老人态度好转，吴彩霞耍起俏皮来："老爷爷，国家的规定是我们每个人都要遵守的，这样做是为了保障大家的安全，我们作为您的孙辈，尽忠职守，您应该高兴啊！再说生气会影响您老的健康，不值得。"老人再次过安检时已没有了丝毫怨气，离开时还记下了吴彩霞的工号和姓名，并在一个月后，亲笔写来一封热情洋溢的表扬信。

如果你遇到急躁型的旅客，你会有哪些"招"应对呢？

二、民航服务人员良好的个性品质

民航服务人员由于服务工作的需要，随时要与不同性格、不同层次的民航旅客打交道，所以必须具备谅解、支持、友谊、团结、诚实、谦虚、耐心等良好性格特征，同时还要具备乐观、勇于负责、自立、当机立断等性格品质。具体来说，民航服务人员良好的个性品质主要有以下几个方面。

(一)诚信

从传统上讲，诚信是一个人的可靠程度和可信任程度，它是人品的核心部分。诚信既体现在一个人的个性、价值取向中，又与企业的顾客商誉价值紧密相关。民航服务人员的诚信应该体现在两个方面：一是随时随地以诚信开展业务，遵守公司制度、规定和社会道德规范，对工作具有强烈的责任心；二是拥有积极向上的人生观和价值观，具有健康的心态，能对民航服务中产生的各种问题进行公正、公平的评价。

图4-2

(二)自信

自信是对自己的个性心理与社会角色进行的一种积极评价的结果，是相信自己有能力或采取某种有效手段完成某项任务、解决某个问题的一种信念。民航服务人员的自信，主要表现在对工作的积极性和主动性上。一个自信的民航服务人员不仅具有较高的工作热情，而且在面对压力和困难时，会表现出对自己决定或判断的认可，相信自己有能力去解决问题，主动战胜困难；一个自信的民航服务人员还会对自己的角色进行正确定位，会为民航旅客提供完美的服务而体验到自我价值，而不会觉得自己身为服务者的角色低人一等,也不会态度傲慢。缺乏自信是一个人性格软弱的表现,不但会因此缩手缩脚、犹豫不决,而且会影响工作的开展和效率,使人丧失进取的勇气。

(三)宽容

所谓宽容,就是能够容忍,有气量,不过分计较和追究,能够谅解他人。民航服务人员的宽容应该做到:以大局为重,不计较个人得失,在非原则问题上能够忍让;不嫉贤妒能,在工作中对待那些比自己有才干的人善于取人之长,补己之短,绝不心胸狭窄。宽容心作为民航服务人员的职业需要,同时也是民航服务人员自我保护的需要。宽容不是简单的忍受,而是理解、同情、练达、包涵,是因大而容,又因容而大。从事民航服务工作,遭受旅客带来的"不公"是避免不了的事,民航服务人员必须包容这些"不公",并将其转化为顺理成章的理由,才能被自己所真正接受,才不会给自己的身心造成伤害,才可以始终如一地坚持对这份工作的理解和热爱。宽容心不仅可以化解民航服务人员与旅客之间的不快,还能化解民航服务人员工作和生活中的负面情绪,使自己保持阳光心态,在任何时候都能快乐而积极地为旅客服务。

(四)谦虚

谦虚是一种美德,是一种良好的个性品质。民航服务人员是否具有谦虚的品质,对工作的开展有着重要的影响。尤其对于刚进入民航服务业的年轻工作者来说,谦虚应该是一门必修课。具体地说,民航服务人员的谦虚主要表现在了解、接纳真实的自我,不自满,肯接受批评,并虚心向人请教。在面对民航旅客提出意见和建议时,能够摆正位置,以宽容的心态换位思考;在民航服务过程中认真办事,善于从工作实践中反思,总结经验教训。

三、如何培养民航服务人员良好的个性品质

优质服务需要具有优秀个人素质和能力的民航服务人员,而素质是一个人个性、文化教育等相关因素的综合反映。其中,个性是决定个人素质的关键因素。民航服务人员良好个性的培养,是民航企业文化建设中不可忽视的一部分,培养民航服务人员良好的个性,可以从以下几个方面进行。

图4-3

(一)提高文化素养

民航服务是高端职业,要求服务人员必须具备较深的文化内涵、高雅的职业形象、练

达的待人接物、熟练的沟通技巧……因此,一名优秀的民航服务人员必须不断地提升自己的文化水平,多读书,多思考,不断地丰富自己,提升自己。

(二)培养积极的人生观

人生观支配着一个人对事物的看法和态度,直接影响着一个人的行为。积极的人生态度是人进取的原动力,它可以使民航服务人员乐于从事民航服务工作,增强战胜困难、挫折的信心和勇气,使民航服务人员能够面带微笑地去工作、去生活,从而更深刻地体验生活之美,塑造出乐观、开朗的个性品质。

(三)培养良好的心态

面对同一件事情,不同的人会有不同的心态,因而也会有不同的解决办法。良好的心态是优质服务的保证。民航服务人员要学会宽容、学会理解、学会沟通,能平和地应对机械重复的工作,以健康乐观的心态去面对各种类型的旅客。在面对工作中烦琐的问题和不顺心的时候,能善于发现自身情绪及行为变化,进而积极地进行心理暗示,提醒自己的价值追求和工作、生活目标,及时合理地释放不良情绪体验。民航服务人员培养自己良好的心态,可以有效促进良好个性的养成。

> **小贴士 ▼**
>
> ▶如何保持良好的心态
>
> 学会放松
>
> 学会转移注意
>
> 学会宣泄
>
> 学会自我解嘲
>
> 学会幽默

(四)培养高度的责任感

作为民航服务人员,高度的责任感是做好工作、提供优质服务的前提。因此,从我做起,提高个人的责任意识,是修炼责任感的第一步。有责任心的民航服务人员,会对自己从事的工作有清晰而深刻的认识,会热爱工作、乐于奉献,并在工作中体会到使命感和成就感。从这个意义上讲,培养高度的责任感是民航服务人员修炼个性品质、实现优质服务的基本保证。

▶个人责任提升原则

美国学者约翰·米勒

1.个人责任不是通过改变他人,而是通过改变自己力求解决问题。

2.个人责任不是抱怨团队,而是要充分认识个人的力量。

3.个人责任就是要适应变化,不断完善自我。

4.个人责任就是利用现有的资源与工具实现目标。

5.个人责任就是要做出具有积极作用的选择。

6.个人责任就是要不断自问"我还能做些什么"。

7.选择做一个有责任感的人,生命才能更充实!

思考与练习

1.举例说明不同气质类型的民航服务人员的心理特点。

2.联系实际,谈谈如何根据旅客的个性特点做好民航服务工作?

3.案例分析。

　　某航班延误……当时的地面服务人员在没有完全弄清楚延误原因的情况下,告诉旅客该航班是因为对方机场的航班流量控制原因造成的延误。殊不知,有位VIP旅客马上给对方机场有关部门的一位朋友打电话,得知对方机场正常放行。这位VIP旅客勃然大怒,说航空公司不诚信,飞机延误的真正原因为何不说清楚?他一时成了众旅客的领袖,当场怒斥候机室的工作人员,航空公司的地面服务人员面对此种场面十分尴尬。

　　请用气质理论分析该VIP旅客属于哪种气质类型? 根据他的个性特点,该如何缓解这种场面?

第五章

民航服务中的情绪
情感与服务

学习目标

　　1.了解情绪的含义、特征、类型及其对身心的影响。

　　2.掌握通过表情正确判断情绪的方法。

　　3.学会运用情绪调控方法,提高自身的心理素质;化解旅客的
不良情绪,提高民航服务质量。

案例导入

6月6日早6点多，一名中年女旅客来到售票柜台，要买沈阳到西安的客票。南航北方分公司地面服务保障部（以下简称"地服部"）售票员何丽立即在电脑上查询售票信息：南航早晨8点20分由沈阳飞往西安的CZ6469航班只有头等舱的客票了，需2400元，而12点25分起飞的鲲鹏民航有限公司VD8328航班当时还有9折机票。何丽把这一信息告诉了旅客，供她参考选择。该旅客一听，觉得头等舱客票太贵，面露难色。由于鲲鹏民航有限公司的打折票南航无权出售，何丽只好建议旅客到仙桃国际机场售票柜台去购买。

细心的值班组长李红、售票员何丽、孙汝年发现该旅客从一开始来到售票柜台就一直沉默不语，好像有什么心事，而且也不像是很有钱的样子。大家商量后决定去询问一下旅客，看看能不能帮帮她。正当大家准备行动的时候，旅客又回到南航柜台，说就买头等舱的机票。于是，售票员们一边好心地提醒旅客，中午的航班票价会低一些，税后1500元，一边询问旅客是否有什么需要帮忙的。这时，旅客再也抑制不住自己的情绪，突然间趴在柜台上呜呜哭泣起来，并说她的儿子刚刚去世，要早一点赶过去……同样身为母亲的李红和孙汝年听后也不禁黯然，当即安慰旅客不要太悲伤，并告诉旅客她们会尽力帮助她候补经济舱客票（税后1650元），让她尽早乘上飞机，实在不行再购买头等舱客票，旅客含泪表示同意。

安顿好旅客，何丽马上给旅客打出了一张沈阳到西安的经济舱候补客票，李红又与值机主任、运输调度联系，说明情况，能否请机组人员帮助解决。值机和运输调度都很重视这件事情，值机预留了前排的位置，运输调度马上与机组联系，但因当时机组还没有进场，需等待一会儿。为防止万一经济舱候补不上，何丽又为旅客留了一张头等舱的位置，以此确保悲伤而又焦急的旅客尽早到达西安。

过了20多分钟，运输调度和值机都打来电话说，机组人员非常同情这位母亲，愿意把自己的休息座位让给旅客，这就意味着旅客不用购买头等舱的客票了。当李红等人把这一消息告诉旅客时，一直就没有停止流泪的旅客又哭泣起来，连连哽咽着说："太感谢你们了！"李红等人一边安慰着旅客，一边迅速地帮助她办好了乘机手续，并一直把她送到安检通道，又嘱咐了相关注意事项，才放心地离开。

人类在认识外界事物时，会产生喜与悲、乐与忧、爱与恨等主观体验。心理学上把人对客观事物的态度体验及相应的行为反应，称为情绪。情绪涉及我们每个人生活的各个方面，在我们清醒的每个时刻，都伴随着感觉的差异变化和情绪的冲动，并且体验着不同的心境和情感。

在民航服务过程中，我们常常可以看到旅客与服务人员的各种情绪与情感的表现。我们不仅要知道自己的情绪变化，还要学会观察旅客的情绪变化，才能更好地开展工作。

第一节
认识情绪情感

一、情绪情感的含义

情绪和情感一直被心理学家认为是影响人类行为的一个重要方面。情绪在人际交往、态度改变、工作表现等方面均起着重要作用。

(一)情绪的定义

情绪,是指人对客观事物是否符合自己的需要而产生的主观态度的体验,表现为这种需要的变动情况(即刺激)引发的一种身心激动状态。

当客观事物或情境符合个体的愿望或需要时,会引起积极和肯定的情绪和情感。相反,当客观事物或情境不符合个体的愿望或需要时,则会引起消极的、否定的情绪和情感。

(二)情绪的构成

民航旅客与服务人员情绪的构成一般包括三个层面,即认知层面上的主观体验、生理层面上的生理唤醒和表达层面上的外部行为。情绪产生时,这三个层面的情绪共同作用,构成一个完整的情绪体验过程。

1.主观体验

情绪的主观体验是人的一种自我觉察、自我感受与体验的一种感受状态。民航服务过程中,民航服务人员在与旅客交往时,双方的一言一行都会使对方产生一种主观体验。例如,乘务员对旅客发自内心的微笑,旅客会感到服务人员和蔼可亲,从而产生愉快的情绪;旅客报以同样的微笑时,乘务员也会产生愉悦的情绪体验。

图5-1

2.生理唤醒

生理唤醒涉及神经系统的广大区域,是情绪和情感在生理方面的反应。例如激动时血压升高;愤怒时浑身发抖;紧张时心跳加快;害羞时满脸通红,脉搏加快、肌肉紧张、血压升高及血流加快等生理指数,是一种内部的生理反应过程,是伴随着不同情绪而产生的。

3.外部行为

在情绪产生时,人们还会出现一些外部反应,这一反应也是情绪的表达过程。例如,人悲伤时会痛哭流涕,激动时会手舞足蹈,高兴时会开怀大笑,郁闷时会沉默不语。情绪所伴随出现的这些相应的身体姿态和面部表情,就是情绪的外部行为。这是民航服务人员判断旅客情绪的外部指标。

情绪是一种复杂的心理现象,其表现形式多种多样,有的明显、外露,有的隐蔽、内含。因此,如果需要确切地了解情绪,就必须细心观察。

二、情绪的特征

(一)刺激引起情绪

当外界的客观事物与自身的需要形成某种关系时,这种客观事物就成为对自身的一种刺激。这种刺激使身心处于一种激动状态,人对这种状态的体验就是情绪。有的刺激是外在的、具体可见的,如和煦的阳光、清新的空气、美丽的风景,令人心旷神怡。有的刺激则是内在的、不可捉摸的,如记忆、联想、想象等,这些内在的刺激也可以使人产生不同的情绪体验。

(二)需要影响情绪

每个人都有各种各样的需要。个体在追求需要满足的过程中,对各种需要是否满足、满足的程度如何等,都会产生一种态度体验,这种体验就是情绪。如果需要能够顺利满足或满足程度很高,个体就会产生一种积极的和正面的情绪;反之,个体就会产生消极的和负面的情绪。情绪反映了个体需要的满足状况。

(三)情绪受到自身认知的影响

我们往往有这样的经验,同样面对航班延误,虽然民航服务人员进行的解释是一样的,但是有的旅客可能心平气和地接受、情绪稳定;有的旅客却会气愤万分、大为恼火。可见,面对同一种刺激,不同的人情绪反应会不一样。这种情绪反应的差异现象,是与人的认知状况相联系的。每个人都有关于自己、他人和社会的一些稳定的态度和信念。这些认知的不同,使人在面对同样的刺激时,会有不同的态度和体验,因而产生不同的情绪。

▶卖伞和卖鞋

【小故事】

有个老太太,她有两个儿子,一个卖布鞋,一个卖雨伞。老太太每天都愁眉苦脸,晴天的时候,她想到她那个卖伞的儿子,"哎哟,谁来买我儿子的伞哟"!下雨的时候,她想到她那个卖布鞋的儿子,"哎哟,谁来买我儿子的布鞋哟"!所以不管是晴天还是下雨她都不快乐。

想一想:如果你见到那位老太太,你会怎样劝她呢?

所以,人产生何种情绪以及情绪的强度如何,是与个体的认知紧密相连的。甚至从某种意义上可以说,引起情绪的不是刺激本身,而是对刺激的态度和认识,因而可以通过改变认知来改变情绪。

▶情绪ABC理论

【相关链接】

情绪ABC理论的基本观点是:人的情绪不是由某一诱发性事件的本身所引起,而是由经历了这一事件的人对这一事件的解释和评价所引起的。在ABC理论模式中,A是指诱发性事件(Activating events);B是指个体在遇到诱发事件之后相应而生的信念(Beliefs),即他对这一事件的看法、解释和评价;C是指特定情境下,个体的情绪及行为的结果(Consequence)。通常人们会认为,人的情绪的行为反应是直接由诱发性事件A引起的,即A引起了C。ABC理论则指出,诱发性事件A只是引起情绪及行为反应的间接原因,而人们对诱发性事件所持的信念、看法、解释B才是引起人的情绪及行为反应的更直接的原因。

【想一想】

小柯是一名某机场VIP接待员,早上上班快要迟到了,而迟到就会影响工作,被班组长批评。这时,等了很久的公共汽车终于来了,可是一看,车上挤满了人,完全没有办法挤上去;打车吧,没有一辆出租车是空车。小柯变得焦虑烦躁,深深自责自己应该早一点起床出发。按照情绪ABC理论,在这个场景中:

A是_____,B是_____,C是_____。

(四)情绪具有不易自控性

情绪体验的产生及其强度,虽然与人的认知关系紧密,但是在情绪状态下伴随产生的生理变化和行为反应,通常却是个体无法自主控制的。人的情绪一旦产生,就会不由自主地通过各种方式表现出来,并且同时会伴随一定的生理反应。情绪生理反应是指在情绪活动中伴随发生的一系列生理变化。它主要由自主神经系统和内分泌系统活动的改变而引起。例如,心率加快、血压升高、瞳孔放大、外周血管舒张或收缩、神经内分泌变化等。这些随情绪产生而相伴的生理反应,表示人体各种器官的活动在增强,能够保证机体活动时所需的能量供应,从而使机体做好应急准备。这是机体的一种自我保护功能的显现,是人体的一种本能活动。这种本能是人的主观意识所无法轻易控制的。

三、情绪的表现形式

随着社会的发展,现代人的表情动作成为文明社会的一种交际手段。人的许多表情动作都是后天获得的,受到民族、社会文化、风俗习惯的一定影响。每个人的情绪都可以在不同的表情动作中表现出来。因此,民航服务人员应该学会从旅客表情动作中了解其情绪,从而了解旅客的心理,为做好服务工作打下良好的基础。我们一般可以从以下几个方面观察到旅客的情绪。

(一)面部表情

面部表情是指人的脸部表情动作。面部表情包括眼、眉、嘴等的变化,人的面部表情的变化是人各种情绪变化的体现。例如,欢乐时,人会眉开眼笑、嘴角后伸、上唇提升;悲哀时,人就双眉紧锁、嘴角下垂、眼泪汪汪;狂妄轻蔑时,双目斜视、嘴角微撇、鼻子高耸,如图5-2所示。

图5-2 人的各种表情

判断表情的测试

各部位的活动	喜乐	愤怒	悲哀	恐怖	厌恶
额与眉	平静	左右两眉靠紧,向上形成八字形,眉间和额上出现皱纹	左右两眉靠紧,向下眉间出现反八字形的皱纹	眉毛向上、惊讶时有皱纹	稍靠近眉间出现皱纹
眼睛	下眼皮向上,眼角出现皱纹	大开	一部分或全部闭上	大开	通常稍变小,伴有眼球转动
鼻子	正常	鼻翼扩大	绷紧,变细,稍稍变长	鼻翼扩大	向上,鼻根上出现皱纹,鼻翼倾向两边
嘴	嘴张开,上齿露出	向两边紧紧地张开,下齿露出	张开扭曲	张开,特别在剧烈时大开而不闭	稍稍向上
嘴唇	唇角向后,上唇向上绷紧	唇角向下,下唇充满力感	唇角向下,下唇颤动	唇角稍向下	唇角向下,下唇突出
下颚	下垂,颤动	有力地向前突起	下垂	固定(不变)	向上

(二)人体动作表情

人的全身动作也有表达和传递感情的作用。身段表情指的是身体各部分的表情动作。例如,欢乐时手舞足蹈,狂喜时捧腹大笑,悔恨时捶胸顿足,惊恐时手足无措。

(三)言语表情

言语表情指的是情绪在音调、节奏速度方面的表现。例如,高兴时音调高、速度快、语音差别较大,悲哀时语调低沉、语言缓慢等。人们说话的声音、语调、节奏、断续等,都是表达和判断感情的指标。手势和言语变化是人类特有的言语表情的一种形式,也是表达情感的重要指标。

小游戏

▶你是不是急性子

等车,可能每个人都经历过。你有急事,车却迟迟不来,你只能瞪着眼睛干着急,可是有什么办法,不如审视一下自己等车时是一种什么样的姿态吧,借此判断你是不是急性子。

测试问答

A.不断地来回走动,并不停地搓着双手

B. 不停地看着手上的表，立在原地不动

C. 你的双臂交叉于胸前，不耐烦的样子

D. 目光投向远处或附近，手插入口袋中，或者听着音乐，一副事不关己的样子

测试解析

A：标准的急性子，处事比较冲动

B：做事有分寸，但是有些呆板

C：重视策略，坚持己见，但人际良好

D：比较有耐心，但对人对事过分宽容

第二节
民航旅客的情绪情感

随着社会的发展,民航与我们不再遥远,越来越多的人成为民航旅客。他们来自不同的地方,有着不同的文化背景、宗教信仰、生活习俗以及认知观念。既然是形形色色的人构成了民航旅客,那么作为民航服务人员,就必须了解民航旅客的情绪情感,掌握他们不同的情绪情感特征。

一、情绪的分类和基本形式

(一)情绪分类

关于情绪的分类,我国古代就有人曾提出"七情六欲"说,这基本上是对情绪的基本形式的概括。近代西方学者则认为人的基本情绪分为四类:喜、怒、哀、惧。

相关链接

▶七情六欲

七情,指一般人所具有的七种感情:喜、怒、哀、惧、爱、恶、欲。

六欲,指色、声、香、味、触、法(或食、财、色、丁、权、贵)。

今所用"七情六欲"一语,即套用佛典中之"六欲",泛指人之情绪、欲望等。

从生物进化角度来看,可以把情绪分为两种,即基本情绪和复合情绪。基本情绪是人和动物共有的,这些基本情绪是天生的,每种情绪都有独立的神经生理机制、内部体验和外部表现。艾克曼等人的研究表明,人类具有一些天生的基本情绪,如愉快、恐惧、悲伤、惊奇和厌恶等。复合情绪则是由基本情绪组合而成的。

▶伊扎德:三种复合情绪

小知识

1.基本情绪的混合,如兴趣—愉快,恐惧—内疚—痛苦—愤怒等。

2.基本情绪与内驱力的混合,如疼痛—恐惧—愤怒等。

3.基本情绪与认知的混合,如多疑—恐惧—内疚,活力—兴趣—愤怒等。

(二)情绪的基本形式

1.快乐

快乐的产生以其生理、心理和社会的条件为依据。

快乐有本能和感觉水平上的,它主要包含三个方面:一是感觉快乐,人们生活在舒适条件中感觉很快乐,如疲劳之后冲个凉水澡,繁忙之后的休闲活动等。引起身心快乐的条件既有自然的,也有社会的,不过这多属于感觉水平上的情绪感受。二是驱力快乐,即生理需要得到满足所产生的快感称为驱力快乐。此时,内驱力产生于维持有机体体内平衡的循环过程中。三是玩笑中的快乐,人们在玩笑和娱乐中也能产生快感。娱乐主要是为了消遣,为人们提供感情享乐和享受。娱乐是生活中的"调料",是人们在紧张之余得到的松弛,在平淡之中加入的趣味。

2.痛苦和悲伤

痛苦是一种普遍的负性情绪。痛苦是人生中不可避免的情绪感受。痛苦作为一种力量,驱使人们去应付和改变导致痛苦的因素,以改善人们的处境。悲伤是痛苦的发展和延伸。

一些心理学家认为,悲伤和痛苦是同一种情绪的两种表现形式。不过,悲伤和痛苦还是有区别的,例如,婴儿由于饥饿、肉体疼痛的生理变化所引起的哭闹只能称为痛苦而不能称为悲伤。

图5-3

痛苦常常被掩盖起来,而悲伤通常通过哭泣等表现出来。所以,悲伤比痛苦具有更鲜明的情绪色调。悲伤会使人感到失去力量、失去支持、失去希望,从而感到自己处于无助和孤独之中。悲伤代表着失去亲人或失去重要资源时的情绪状态。当自己必须忍受这种分离或丢失时,痛苦和悲伤就会转化为忧愁或忧郁。

3.愤怒

愤怒是一种常见的负性情绪,是人类演化的产物。其发生形式常与搏斗、攻击行为相联系。随着社会文化的形成和演变,愤怒的源发形式常被掩盖,愤怒的功能也已改变。愤怒是一种不可忍受的情绪,然而文化的约束使个体对自己的意识冲动有所收敛和控制。

4.恐惧

恐惧是最有害的情绪。强烈恐惧所产生的心理震动会威胁人的生命。在巨大的自然灾害遭遇中,一部分人丧生不是由于身体的创伤,而是由于情绪的承受力崩溃。

不确定性和不可预料性是引发恐惧的诱因,在一定时间和空间内期望的或熟悉的事情没有发生可能会让人产生危险意识,从而产生恐惧预期。孤独对人也有威胁性,孤独是最基本的和天然的惧怕线索。

恐惧受自己所处的文化和生活经验影响。失业、离婚、盗窃甚至鬼怪传说,都能诱发恐惧。恐惧可以是习得的,也可以由想象或认知过程所诱发。对鬼怪的恐惧既是习得,又是想象。来自记忆和认知评价的预期都可引起恐惧。

拓展阅读

▶15种情绪及其 "核心相关主题"

拉扎勒斯(1993)

愤怒——冒犯、贬低我和我的东西。

焦虑——面对存在着的不确定的威胁。

惊恐——面对具体的突如其来的身体上的危险。

内疚——触犯了一个道德戒律。

羞愧——未能达到理想的自我。

悲伤——经历了无可挽回的损失。

羡慕——想要别人所拥有的东西。

妒忌——因失去或威胁与另一方的感情而憎恨第三方。

厌恶——接受一个难以理解的主意。

快乐——朝向目标的实现取得了合理的进步。

自豪——通过对有价值的客体或成就感到荣耀来提升个人的自我认同。

放松——令人苦恼的与目标不相容的情况已经好转或已经过去。

期望——担心最差的情况而又向往更好的。

爱——渴望或参与爱,但通常不需要回报。

同情——为他人的痛苦所打动,想要给予他人以帮助。

二、情绪状态与民航旅客

情绪状态是指在某种事件或情境的影响下,在一定时间内所产生的某种情绪,其中较典型的情绪状态有心境、激情和应激三种。

(一)心境

心境是指人比较平静而持久的情绪状态。心境是一种具有感染性的、比较平稳而持久的情绪状态。当人处于某种心境时,会以相应的情绪体验看待周围事物。如人伤感时会见花落泪,对月伤怀。心境体现了"忧者见之则忧,喜者见之则喜"的弥散性特点。平稳的心境可持续几个小时,几周或几个月甚至一年以上。一种心境的持续时间依赖于引起心境的客观刺激的性质,例如,失去亲人往往使人产生较长时间的郁闷心境;一个人取得了重大的成就,在一段时间内会处于积极、愉快的心境中。人格特征也能影响心境的持续时间,同一事件对某一些人的心境影响较小,而对另一些人的影响则较大。性格开朗的人往往事过境迁,而性格内向的人则容易耿耿于怀。因此,心境持续时间的长短,与人的气质、性格有一定联系。

图5-4

心境对人的生活、工作、学习、健康有很大的影响。积极向上、乐观的心境,可以提高人的活动效率,增强信心,有益于健康;消极悲观的心境,会降低认知活动效率,使人丧失信心和希望;经常处于焦虑状态,会有损健康。若民航旅客处于积极的心境中,我们的工作就容易顺利地开展;若民航旅客处于消极的心境中,则会增加我们的工作难度。值得一提的是,人的世界观、理想和信念决定着心境的基本倾向,对心境有着重要的调节作用。

(二)激情

激情是一种强烈的、爆发性的、为时短促的情绪状态。这种情绪状态通常是由对个人有重大意义的事件引起的。重大成功之后的狂喜、惨遭失败后的绝望、亲人突然死亡引起的极度悲哀、突如其来的危险所带来的异常恐惧等,都是激情状态。在民航服务中,脾气急躁的旅客会因为没有受到应有的尊重等刺激而感到愤怒,火冒三丈,就是其情绪的激情状态的体现。

(三)应激

应激是指人对某种意外的环境刺激所作出的适应性反应。例如,人们遇到某种意外危险或面临某种突发事变时,必须集中自己的智慧和经验,动员自己的全部力量,迅速作出选择,采取有效行动,此时人的身心处于高度紧张状态,即为应激状态。例如,飞机在飞行中,发动机突然发生故障,驾驶员紧急与地面联系着陆,旅客惊慌失措;正常行驶的汽车意外地遇到故障时,司机紧急刹车等。在这些情况下人们所产生的一种特殊紧张的情绪体验,就是应激状态。处于应激状态的旅客很可能丧失理智,做出非常规行为,这对民航服务人员的业务水平、工作经验、心理素质就有了更高的要求。

第三节
民航服务人员的情绪与服务

在民航服务中,旅客的情绪会影响民航服务人员的服务效果,而民航服务人员的情绪更会影响到民航服务质量。因此,民航服务人员的情绪管理就显得至关重要。

一、健康情绪的标准

健康情绪的标准主要包括诱因明确、情绪稳定、心情愉快、反应适度等方面。

(一)诱因明确

俗话说:"无风不起浪。"健康情绪的发生一定有诱发因素,无缘无故地产生的情绪是不健康的。欢乐的情绪是由可喜的现象引起的;悲哀的情绪是由不愉快事件或不幸的事情引起的等。一定的事物刺激个体引起相应的情绪是情绪健康的标志之一。反之,无缘无故地喜,无缘无故地怒,以及莫名其妙地悲伤或恐惧等都是不健康的情绪表现。

图5-5

(二)情绪稳定

情绪稳定表明个体的中枢神经系统活动处于相对的平衡状态,反映了中枢神经系统活动的协调。一个人情绪经常很不稳定,变幻莫测,是情绪不健康的表现。

(三)心情愉快

情绪愉快表明人的身心活动的和谐,表明一个人的身心处于积极的健康状态。一个人经常情绪低落,总是愁眉苦脸,心情苦闷,则可能是心理不健康的表现。但是,一个人在生活的道路上难免遭遇挫折或不幸,例如,亲友的病故,情绪悲哀,这当然是正常的情绪反应。

(四)反应适度

情绪反应的强度、持久度与引起情绪的事件以及个性特点等有关。一般来说,对个体有较大威胁意义的事件引起的情绪反应强烈;反之,则不是很强烈。但是,对于一个情绪健康的人来说,不管是何事引发的情绪,其反应都会控制在较为理智的范围内,表现出良好的调适能力。情绪反应的适度也涵盖了对情绪的控制和调适,是衡量情绪是否健康的又一个标志。

读一读

▶情绪健康的人具有的特点

1. 开朗、豁达、遇事不斤斤计较,不为鸡毛蒜皮的小事动肝火或郁结于心。

2. 情绪正常、稳定,很少大起大落或喜怒无常,能承受欢乐与忧愁的考验。

3. 能给人以爱和接受别人的爱,待人热情,乐于助人,有同情心。

4. 谈吐风趣、幽默、文雅。

5. 自信、乐观、有主见,能独立地解决问题,有创造性地工作。

6. 明智、少偏见,能正确认识自己和他人的长处、不足。

7. 对前途充满信心、富有朝气、勇于上进、坚韧不拔。

8. 能面对现实、承认现实和接受现实,并能按社会的要求行动。

9. 对平凡的事物保持兴趣,能不断从生活环境中得到美和快乐的享受,会工作也会消遣。

10. 尊重他人,能与人为善,和睦相处,建立良好的人际关系。

二、健康情绪对民航服务的积极作用

(一)积极情绪可以促进民航服务人员的身心健康

情绪分为积极情绪和消极情绪两大类。积极情绪对健康有益,消极情绪会影响身心健康。我国自古就有喜伤心、怒伤肝、思伤脾、忧伤肺、恐伤肾之说,可见人的情绪与健康有着密切的关系。过度的消极情绪,长期不愉快、恐惧、失望,会抑制胃肠运动,从而影响消化机能。情绪消极、低落或过于紧张的人,往往容易患各种疾病。因此,只有保持乐观的情绪,才有利于身心健康。健康、积极的情绪,是保持心理平衡与身体健康的条件,而民航服务人员的身心健康又是保证民航服务质量的前提条件。

图5-6

(二)积极情绪可以促进民航服务人员的自身发展

积极的情绪表现为精神上的愉快和情绪上的饱满,"人逢喜事精神爽",民航服务人员只有保持乐观的人生态度、开朗的性格、热情超然的品质,才能正确认识、对待各种现实问题,从容地面对和化解人际交往中的各种矛盾,也才能更好地应对工作中的难题。

(三)积极情绪可以提高民航服务人员的服务质量

1.拉近与旅客的心理距离

在旅客将要开始旅程时,可能会有一定的紧张和不安情绪,而民航服务人员的积极情绪,如面带微笑、轻松愉悦,不仅能使自己处于一种良好的工作状态,而且还会感染服务对象——旅客。因为拥有良好情绪所流露出来的真实而真诚的笑容,可以在不经意间消除对方身体上和精神上的紧张和不安,使旅客感到信赖和安全,以拉近彼此之间的心理距离,建立起和谐信赖的服务关系。良好服务关系的建立,是提高服务质量的首要条件。

2.化解旅客不良情绪

民航服务人员积极的服务情绪常常通过微笑传达给旅客。微笑,是一种特殊的情绪语言,是服务工作的润滑剂,也是民航服务人员与旅客建立感情的基础,更是服务行业职业道德的重要内容。它可以代替语言上的"欢迎",消除旅客的紧张心理,对民航旅客的情绪有安抚作用。因此,民航服务人员积极的情绪可以改变旅客的态度,化解民航旅客的不良情绪,有利于民航服务工作的顺利进行。

三、不良情绪对民航服务的消极影响

在日常的服务工作中,民航服务人员面对不理解自己的民航旅客、社会舆论的压力、同事间的压力等,都难免会产生不良情绪。不良情绪产生的消极影响主要表现在以下几方面。

(一)不良情绪影响民航服务人员的工作效率

在不良情绪的阴影下,民航服务人员可能会处于一种伤心、愤怒或心不在焉的状态,这种状态会严重影响到民航服务人员的工作积极性,取而代之的是马马虎虎的工作态度,冷眼相对的面部表情,会极大地降低工作效率。

(二)不良情绪影响民航服务人员的身心健康

凡是不能满足人们需要的事物,都可能引起否定的态度,并产生消极的、不愉快的体验。这类情绪包括愤怒、憎恨、忧愁、焦虑、恐惧、苦闷、不安、沮丧、忧伤、嫉妒、耻辱、痛苦、不满等。这些都是与消极情绪状态密切联系的。从某种意义上说,消极情绪是一种对心理不利的紧张状态,往往会因过分地刺激人的器官、肌肉及内分泌腺而损害人的健康。这种情绪的产生,一方面是机体为适应环境而作出的必要反应,它能动员机体的潜在能力,为使自己适应变化的环境而斗争。但另一方面这种情绪的产生又会引起高级神经活动的机能失调,使人失去身心平衡从而对机体的健康产生十分不利的影响。

经常、持久地出现消极情绪所引起的长期过度的神经系统紧张,往往会导致身心疾病。例如,神经系统功能紊乱、内分泌功能失调、免疫功能下降,转变为精神障碍或其他器官的系统疾病。

(三)不良情绪容易导致民航服务人员和旅客之间不必要的误会

当民航服务人员带着不良情绪工作时,是不可能为民航旅客提供良好的心理服务的。

不良情绪破坏服务关系的和谐。被不良情绪困扰的服务人员,很难与民航旅客建立良好的服务关系。而良好的服务关系的建立、健全和维持,是保障民航服务质量的重要因素,甚至是首要因素。设想当民航旅客面对着冷眼相待的服务人员时,旅客会是什么感受。他们会感到不被欢迎、不被尊重,从而心情也不可能愉快。这种不良情绪会相互感染,形成恶性循环,产生不良的心理气氛,这样不但会影响民航服务人员与民航旅客的情绪和心情,甚至会激发矛盾的产生并加剧。

所以,不良情绪如果得不到有效管理,将会直接影响到民航服务的质量。

读一读

2010年6月,由南京飞往上海的某航班上,坐在Y舱中部的李先生因觉得飞机机翼上发动机的轰鸣声过于影响自己,便起身自行换到经济舱的舱头没有人的座位上。

坐下不久后,一位空乘服务人员走过来,要求李先生回到自己的座位。李先生答道:那里(发动机)声音太大了,这个座位反正没有人,我就在这坐吧。空乘服务人员解释说前面座位是留给经济舱全票价的旅客坐的,按规定李先生不能坐在这里。李先生表示愿意付出升舱位的钱,空乘人员却显得不耐烦,直接说道:"升舱是地面的事,和我们无关。"李先生当即也来气地说:"你这是什么态度,什么叫不关你们的事,这位置反正也没有人坐,我坐了又怎么了,把你们机长叫来我要和你们机长说话……"眼看着矛盾即将升级,这时机长闻讯赶来,了解事实后当面向李先生道歉并解释升舱的确是在地面进行,这是为了能记录,好让后面的人不会买到重复的票,希望李先生理解,并承诺李先生可以先坐在这,如果该座位的旅客上飞机了再让他换回到自己座位,该空乘服务人员也向李先生道歉说明自己是因一时心情不好,说话重了点,希望李先生能理解。李先生终于满意地点点头,一场误会就这样圆满地被解决了。

第四节
民航服务人员的情绪调控

积极健康的情绪可以使民航服务人员在工作中事半功倍,而消极的情绪则会使民航服务人员在工作中事倍功半。所以,民航服务人员学会调控自己的情绪,是非常有用的,也是非常必要的。

一、民航服务人员常见的几种情绪困扰

由于承担着安全与服务的双重责任,民航服务业已成为职业压力较大的行业。民航服务人员以消极情绪为主的心理问题十分突出。焦虑、冷漠、抑郁、愤怒、恐惧等是他们常见的情绪问题。

(一)焦虑

焦虑是个体对当前或预感到的挫折产生的一种紧张、忧虑、不安而兼有恐惧性质的消极情绪状态。它包括自信心的损失、失败感和内疚感的增加等。焦虑是复合型情绪,其核心成分是恐惧。

焦虑是由危险或威胁的预感所诱发。个人在遭遇到利害冲突、灾害、灾难、疾病威胁或竞争挑战时,预感到无力避免、无法应付的威胁、恐惧就可能转化为焦虑。

焦虑是民航服务人员常见的情绪困扰,产生的原因多源于工作、生活与人际交往方面所遭受到的挫折。例如,发生误机、纠纷等事件,作为与旅客直接接触、面对面服务的民航服务人员(包括空中乘务员和地面服务人员),就处在了风口浪尖上,心理压力特别大,极易引发焦虑情绪。而过度的或持久的焦虑会损伤民航服务人员的正常心理活动,导致心理疾病的产生,从而严重影响他们正常的生活和工作。

(二)冷漠

冷漠是个体在遭受挫折后,对付焦虑的一种防御手段,也是一种消极的情

图5-7

绪状态。它包括缺乏积极的认知动机、活动意向减退、情感淡漠、情绪低落、意志衰退、思维停滞。冷漠是一种个体对挫折环境的自我逃避式的退缩心理反应,带有一定的自我保护意识或自我防御性质。当个体在生活或工作中遭受挫折并感到无能为力时,往往表现出不思进取、情绪低落、情感淡漠、沮丧失落、意志麻木等心态。

由于民航旅客身份的复杂性、民航安全要求的特殊性、民航运输的快捷性与不可控性的矛盾等,民航服务人员不仅要做好细致的旅客服务工作,还要处理各种突发事件。例如,航班延误时,这些人员常常处于各种矛盾的焦点。有的乘务员因制止旅客在飞机上拨打电话而受到抱怨;有的安检人员因制止旅客擅闯安全通道而被拳打脚踢;有的工作人员因航班延误遭到旅客围攻;还有的遭到旅客辱骂,有的受到刁难,有的遭到人身攻击甚至是性骚扰。民航服务人员长期处于一种压抑、委屈甚至受创伤的心理状态,得不到及时而有效的疏导和调适。他们的情感得不到满足,于是冷漠成为他们的保护色。对外界的任何刺激他们都无动于衷,无论面对的是悲欢离合还是爱憎情仇都漠然置之。他们与旅客的心理距离越来越远,对自己的评价也会降低。然而,表面上的"冷漠"掩盖着的却是他们内心深处的痛苦、孤寂、无助和强烈的压抑感。

冷漠者初期主要认为生活没有意义,心情平淡,出现抑郁状态,随后发展到强烈的空虚感,内心体验日益贫乏,不愿进行抉择和竞争,缺乏责任感和成就感。最终严重影响到自己的生活与工作。

(三)抑郁

抑郁是一种持续的心境低落、悲伤、消沉、沮丧、不愉快等综合而成的情绪状态。表现为兴趣淡漠、被动消极、悲观绝望,很难全身心投入到现实的生活之中。

工作责任重、风险大,家庭发生变故,与同事或好友发生纠纷,升职压力,受到批评或处分,恋爱不顺利或失恋等重大生活事件,是民航服务人员产生抑郁情绪的主要原因。管制员、民航器维修人员因为工作性质,缺乏足够的人际交流,易形成孤僻、封闭的性格;安检、保卫人员处于维护正义与反对邪恶的风口浪尖,经常接触社会阴暗面,因而不可避免地被负面情绪所影响。这样,就造成了有些工作人员精神抑郁、苦闷,晚上难以入眠,白天工作时则无法集中注意力,长此以往,民航服务工作以及民航服务人员自身的身心健康将受到严重影响。

(四)愤怒

愤怒是由于客观事物与人的主观愿望相违背,或愿望无法实现时产生的一种激烈的情绪反应。愤怒发生时,可能导致心跳加快、心率失常、血压升高等躯体性反应,同时使人的自制力减弱甚至丧失,思维受阻、行为冲动,常常可能会做出让人后悔不已的事情或造成不可挽回的损失。

(五)恐惧

恐惧情绪的产生,是因为某些特定事物、特殊环境或人际交往等刺激而产生的一种强烈而紧张的内心情绪体验。民航服务人员往往会因出现异常情况危及飞行安全而产生恐惧情绪。另外,因各种原因,民航旅客将愤怒情绪往服务人员身上发泄时,民航服务人员也会产生恐惧情绪。

此外,民航服务人员可能产生的消极情绪还有悲伤、沮丧、自卑等。

二、民航服务人员如何调节自己的情绪

情绪的自我调节方法多种多样,但只要你把握下列几个要点并掌握相关的方法,就一定能克服不良情绪,使自己快乐起来。

(一)承认压力及不良情绪存在的事实

生活中每个人都会感到压力、紧张和不良情绪的存在,这是很正常的,完全没有必要逃避这种事实。要知道,只有面对现实,正视现实,自己才能超越现实。因此,承认自己不良情绪的存在,找出产生该情绪的原因,然后想办法调整它、克服它,这才是自己应该有的态度。

(二)认知调整转换法

情绪ABC理论告诉我们,导致消极情绪的不是事实本身,而是对事实的看法,改变看法,就可以改变情绪。在为民航旅客服务时,不管我们面对怎样的旅客、怎样的情况,或者怎样的麻烦,我们永远不要"抱怨"。"抱怨"除了破坏我们的心情之外,对事情的解决于事无补。我们应该想想,在这件事中会带给我们什么样的经验、教训及警惕,避免今后的工作重蹈覆辙,这就是将"问题"转化为"机会"。

(三)学习情绪放松技术

利用放松技术可以使自己从紧张、抑郁、焦虑等不良情绪中解脱出来。我们可以尝试如下两种放松技术:

1.肌肉放松法

找到一个放松的姿势,靠在沙发上(椅子上)或躺在床上,尽量减少其他无关刺激,然后按照手臂部——头部——躯干部——腿部的顺序进行放松。

(1)手臂部放松。伸出右手,握紧拳,紧张右前臂;伸出左手,握紧拳,紧张左前臂;双臂伸直,两手同时紧握,紧张手和臂部。

(2)头部放松。皱起前额部肌肉;皱起眉头;皱起鼻子和脸颊(可咬紧牙关,使嘴角尽量向两边咧,鼓起两腮)。

(3)躯干部放松。耸起双肩,紧张肩部肌肉;挺起胸部,紧张胸部肌肉;拱起背部,紧

张背部肌肉;屏住呼吸,紧张腹部肌肉。

(4)腿部放松。伸出右腿,右脚向前用力像在蹬一堵墙,紧张右腿;伸出左腿,左脚向前用力像在蹬一堵墙,紧张左腿。

以上四个部位的放松过程均按如下5个步骤进行:集中注意力——肌肉紧张——保持紧张——解除紧张——肌肉松弛。

图5-8

2.想象放松法

通过想象放松自己的身心。最好在安静的环境中进行,仰卧在床上或靠在椅子上,找一个舒适的姿势,同时闭上眼睛并配合缓慢均匀的深呼吸,然后通过指导语(默念或播放录音磁带等)放松自己。

(四)掌握心理平衡术

遇到情绪问题时,可以通过心理平衡技术来调整自己的情绪。

相关链接

▶几种自我心理平衡术

1.自嘲法。当遇到一些尴尬或难堪的场合时,若一味埋怨和逃避往往会使自己的心态越来越坏。不妨自己调侃一下自己,通过自我贬抑而达到出奇制胜的效果。从而使心理达到一种高层次的平衡。

2.遗忘法。现实中不少人终日生活在对往事的痛苦回忆中,反复品尝旧时受到的挫折,会使自己陷入恶性循环中,使心理越加不平衡。因此必须学会遗忘,这是对痛苦的解脱。能使身心获得宽慰,从而激发出新的力量,使人性得到升华。

3.激励法。要走出每日"消沉—后悔"的心理不平衡怪圈,给自己确立一个值得去追求的目标。出去找个朋友开怀畅谈一下,踏踏实实干点活,参加一个培训使自己的精力集中起来等。有了成功的经验和自信,我们就能再选择更高的目标激励自己。

4.闲聊法。闲聊对心理调适起很大功效。它可以缓解紧张、消除隔膜,表达温情、躲避冲撞、化解怨气、发泄怒火。

5.哭泣法。要放弃"有泪不轻弹"的传统戒条,让自己随情绪波动而哭泣。哭能使人产生有益的激素,使人体反应更加协调。

6.移情法。转移对负性情绪的注意力。它是宣泄、调节情感的一种有效方式。

(五)增加社会(团体)支持帮助

寻求帮助,既可缓解情绪,又可获得新的看待问题的视角和思路,走出习惯的思维模式,走出困境,找出新的出路。寻求帮助,既可以寻求自己的亲人和朋友,还可寻求专业心理咨询工作者。

(六)养成乐观的思维方式

快乐一方面取决于客观实际;另一方面则取决于认知、思维方式。如果觉得不幸福,就会感到不幸;相反,只要心里想着快乐,绝大部分人都能如愿以偿。很多时候,快乐并不取决于你是谁,你在哪里,你在干什么,而取决于你当时的想法。两个人从同一个窗口往外看,一个人看到的是泥土;另一个人看到的是星星。莎士比亚

图5-9

说:"事情的好坏,多半是出自想法。"伊壁鸠鲁也说:"人类不是被问题本身所困扰,而是被他们对问题的看法所困扰。"如果掌握了乐观思维法,万事万物都能够给我们带来快乐。

思考与练习

1.简述情绪的含义、特征和类型以及情绪对人的影响。

2.健康情绪和不良情绪对民航服务的影响分别是什么?

3.民航服务人员如何调控工作中的不良情绪,培养良好情绪品质?

4.场境体验。

(1)先准备笔和纸。

(2)根据我讲的小故事来模拟一个场景。

(3)在纸上写下你的感受。

这么一个纸模型。

(1)

有一张50元的钱。

(2)

这时候从你身后走来一个人。

(3)

原来那个人是个盲人。

(4)

图5-10

首先观察前三幅图,你会有什么样的情绪体验呢?

是以下这几种吗?

(1)愤怒——非常生气。

(2)无奈——怨恨这个人,感觉事情已经无法补救。

(3)贪财遭灾——是我自己的一时贪念导致了这样的后果。

接下来继续看第四幅图,你又会有什么样的情绪体验呢?

变化后的情绪是怎样的?

(1) 自责,说对不起。

(2)我怎么可以怪他,事情没有想象的严重,回家重做一个吧。

(3)我是幸运的(一个健全的人),想办法补救。

启发:给自己的情绪一个出口,不能将情绪指向别人,也不应该将情绪指向自己。

第六章

民航服务的态度要求

学习目标

1.了解民航服务态度的特点,明确民航服务态度的重要作用。

2.理解提高旅客满意度是企业成功的关键因素。

3.掌握民航服务态度的基本要求,学会良好的服务态度意识和服务行为。

案例导入

一次惊喜之旅——记者体验大韩航空客舱服务

第一次乘坐Korean Air Lines Co.Ltd 的航班,一个不到两小时的短航程,没想到却给记者一次惊喜之旅。

上午9时许,记者登上大韩航空从东京羽田机场飞往首尔金浦机场的航班。大韩航空采用波音747机型执飞,记者和另外两位同伴都购买了经济舱的机票,习惯性地准备往客舱后部走。然而,奇怪的是,空姐看了登机牌后,示意记者上二层。记者疑惑地来到二层,看到了宽敞的商务舱座椅,便更加疑惑了。但是登机牌上的座位号的确在这个区域。记者反复地问空乘:"这是经济舱座位么?"彬彬有礼的大韩空姐用肯定的语气说:"Yes!"直到后来空姐发了经济舱标准的鳗鱼饭,记者才相信这真的是经济舱。但是这是为什么?难道大韩航空的经济舱居然如此豪华。

直到后来采访了大韩航空负责客运业务的本部长之后,才解开了记者的疑惑。原来,大韩航空去年进行了大规模的客舱设施升级,有些没有升级的机型就把其中的商务舱座位以经济舱价格对外发售,那些经常乘坐大韩航空的旅客、常旅客、积分高的旅客或者是大韩航空比较关注的特殊旅客就会被安排在这样豪华的经济舱座位上。记者此行因为有采访大韩航空的行程,所以就被他们视为特殊旅客,在办理值机手续时,工作人员就会自动安排。这种对旅客细节的掌控,真是让人感动。

近两个小时的客舱体验,记者从座位上的视频点播系统里看了一部有中文字幕的动画电影《蓝精灵》,当然也享受了一把大韩空乘享誉世界的贴心服务。空乘在客舱工作时不会身着套装,而是穿上淡绿色的衬衣和乳白色的裙子。她们的职业素养是非常高的,无论什么时候,脸上的微笑都让人感觉她是真的热爱这个工作,真的把客人当成"上帝"。如果客人说一声"谢谢",她们回报您的微笑都是发自内心的幸福。在这个二层商务舱里,大多都是东方面孔的旅客,但是空乘很快就能判断出来应该跟您是说韩文,还是说英文。在短短的航程里,发放海关申报单、配送餐食、冲泡饮料,所有的工作程序都井井有条,但却不给人急躁的感觉。正餐之后,一杯绿茶粉冲泡的清茶也让记者回味良久。

据说,韩国客人的脾气一般都比较急躁,因此大韩航空对空乘的培训特别注重反应的快速和对工作的态度,记者在客舱里就亲眼目睹了一回。记者旁边的一位客人想使用视频点播系统，但一时找不到遥控器在哪里，马上就急了。记者帮他摁了呼叫按钮，在客舱服务的空乘人员马上就小跑着出现在客人面前，并且蹲下帮客人解决了问题。

在温馨和舒适的气氛中，航班到达了目的地。记者恋恋不舍地走出客舱，心想，有着如此良好服务态度的航空公司及其空服人员，带给了客人这样的惊喜，一定能吸引更多的客人。

当今的民航市场，在设备、技术、价格相同或相近的情况下，服务质量的竞争和公司的市场信誉逐渐成为竞争的主要内容。而态度对于民航服务行业是至关重要的，服务态度决定服务质量，服务质量的好坏取决于服务人员的态度。因此，民航服务人员必须具备良好的服务态度和素质，让民航旅客满意，也只有这样，民航企业才能获得良好发展。正如上述案例中记者体验到的"惊喜之旅"，有着如此良好服务态度的航空公司及其空服人员，带给了客人这样的惊喜，一定能吸引更多的客人。

第一节
开启态度之门

一、什么是态度

态度是指一个人对某一特定对象作出反应时所持的评价,是较稳定的内部心理倾向。它是一个人关于事物对自己有多大利害关系的一种价值判断或情绪体验。态度具有一定的稳定性和持续性,一旦形成就不会轻易改变。态度对人们的心理和行为有着多方面深刻的影响。例如,态度决定着一个人对外界影响的判断和选择,影响着人的忍耐力、学习效果、工作效率等。

▶心态的成长让我看见了生活的多彩

小故事

我算得上是资深的民航餐厅服务人员,刚开始,带着自卑的心态,从事餐饮的工作,总觉得这项工作是任何人,甚至没文化的人都可以做的!然而,在这里我寻回了自我,找到了被自己蒙蔽的自尊。

记得有一次,有一桌的客人,父亲告诉他的小孩说:"你看!你不爱读书,以后就像他们一样只能端盘子!"他根本无视我们的感受来训诫子女。周围的同事有因家变,或其他因素,而需二度就业者,一踏入此行业,首先面对的就是服务,然而,要如何坦然地面对客人,要如何学会情绪不流露,需经心灵多方的挣扎。新进人员,往往因第一次接触餐饮业,不免因外在的生疏与内心的煎熬,导致心理创伤。但是,一看到客人光临,也只好擦干眼泪,继续工作。最让我感叹的是,每到假日来餐厅用餐的客人,全家福型的不在少数,看到此景,想到身为服务人员的小孩,如想假日与家人外出用餐,已变成奢侈的愿望,心中油然而起的是对小孩的愧疚,此时,鸵鸟心态再度涌上心头。

但是,这一切的不愉快,随着公司成长的脚步,消失无踪,我们经理是经济部中小企业荣誉指导员,对员工的再教育不遗余力,每年都有计划性地教育训练,在全员努力下,本餐厅于1998年荣获ISO9002的认证,成为全国第一家通过国际品保认证的餐厅。也正因为此,生活在这里的我们,穿着制服、挂着名牌,更加凸显了自我的尊严,也受到客人前所未有的肯定。

来我们餐厅用餐的客人,已感受到我们的专业,对我们的服务人员另眼相看。随着媒体曝光率的频繁,同事们的家人与小孩,到此时也都给予我们高度的支持与认同,而我也跳出自画的框框,不再自卑。所以,我深深地体会到,不管是何种行业,行行会出状元。最重要的,是良好的心态让我走出有着偏见的思维框架,最终沐浴了生活的阳光。

二、态度的特征

(一)社会性

态度是个体在社会化过程中,在学习工作生活中逐渐形成的一种意识倾向。它受环境影响,同时又影响环境,并在这个过程中得到丰富和改进。所以,每个人的态度都具有社会性,都具有政治和道德的评价意义。

(二)稳定性

态度是在长时间的社会生活实践中形成的,并与人的理想、信念、世界观、价值观和人生观等有着紧密联系,所以态度一旦形成,就比较稳定持久,并在行为反应上表现出一定的稳定性。

(三)对象性

态度总是有对象的,总是指向某一事物。这里的事物可以是具体的人、组织、团体、物体,也可以是一种现象、状态、思想和观念。总之,没有对象的态度是不存在的。

(四)价值性

态度的形成要受各种影响,其中最具影响力的是人的价值观。所谓价值观,是指人们对事物的主观评价。人们对事物持怎样的态度往往取决于该事物具有的价值大小,包括道德价值、社会价值等。价值观不同的人,对同一事物的态度也不尽相同。

(五)内在性

态度是一种心理结构,是人的心理活动。虽然有一定的行为倾向,但不是外在行为,别人无法直接观察,只能通过言语、行为、表情等进行间接的观察,分析和判断。例如,某民航服务人员热爱工作,我们不可能直接观察其心理活动,只有从他对工作一贯兢兢业业、踏踏实实的态度而观察推测出来。

三、态度的形成

态度不是与生俱来的,它是个体在长期的生活中,与他人的相互作用和接受环境影响逐步形成的。初生的婴儿,对外界事物不存在任何态度。随着个人意识的出现、生活经验的积累,个体对外界事物才会有自己的态度。

态度形成后,又反过来对外界事物产生影响,并不断修正自身,如此循环往复,个人的态度体系便逐步完善起来。父母在塑造孩子的态度方面的确很重要,但是我们也不应过分强调他们的影响。随着孩子年龄的增长,父母的影响也开始减弱,教育、环境等因素对个体的态度形成起到了重要作用。在青春期和青春后期,各种新影响进入每个人的生活。其中最重要的有三方面,它们来自大众媒介、同伴及机构。所谓机构是指学校、社会机构和工作单位等。

四、影响态度改变的因素

态度是后天形成的,因而是可以改变的。客观环境不断变化,要求作为行为引导系统的态度发生相应的变化。态度改变的本质是个人的继续社会化。一个赌徒会痛改前非,重新做人;反目夫妻,可能破镜重圆。当然,要改变态度是不容易的。因为态度不但是人们对某事物的心理倾向,还往往成为个体人格的一部分,成为一种习惯性的行为方式。所以,态度的改变不像一般认识的改变那样简单。改变认识,有时只需要改变一个人态度中的思想和信念的成分,并不涉及情感与行为倾向。影响态度改变的因素主要有以下几方面。

图6-1

(一)时间性

幼儿时期通过模仿学习并已定型的态度不容易改变。换句话说,已经定型的态度,形成的时间越长越不容易改变。

(二)极端性

态度越极端,其改变的可能性就越小;态度所依赖的事实越多、越繁杂,就越不容易改变;对于某事物对象前后一贯的态度,已经成为习惯的反应,不容易改变;一个人态度中包含三种成分,即思想、情感和行为倾向,三者越协调,越不容易改变。

(三)个人价值中心

个体的种种态度常常反映出他的价值观。凡是与个人基本价值观密切相关的态度,一般不容易改变。

(四)个体自我防御机制

自我防御机制越强烈的人,越会尽力保护自己已有的态度以增强自尊,因而很难改变态度。

(五)性格特征

如果一个人缺乏判断能力,依赖性强,就越容易信任权威,改变自己原有的态度。反之,固执、独立、坚定的人往往不容易改变原有的态度。

(六)学识能力

学识能力高的人,就越容易理解各种赞成或反对的论点,进而根据自己的认识决定改变自己的态度,是主动改变。反之,学识能力低的人,越容易被说服暗示,只能被动地改变态度。

读一读

▶态度改变的团体实验

第二次世界大战期间,由于食品紧张,美国政府希望说服家庭主妇能购买美国人一向不欢迎的食品——牛心、牛肾等动物内脏。为了寻找最有效的说服方法,心理学家为此做了专门的实验。他们把一批家庭主妇分为两组,对一组用传统的说服方法,向她们介绍这些食物的营养价值,说明国家的困难,同时还赠给每人一份烹调食谱;对另一组家庭主妇,则组织她们集体讨论,让每个人都发言,最后由大家作出食用内脏的决定。一段时间后,经调查发现,听讲组的只有3%的人被说服;而团体决定组的却有32%的人开始食用动物内脏。

第二节
改变民航旅客的态度

民航旅客的态度,是指旅客对民航及其服务人员所持的评价以及心理倾向,反映了旅客对民航及其服务人员提供的服务的满意度。它来源于旅客在消费过程中所产生的感受与期望值所进行的对比。个别旅客的感觉和评价对公司或服务人员的影响不大,但所有旅客对公司、服务人员的总体态度,就决定了公司的生存与发展。因此,努力提高旅客的满意度是改变民航旅客态度的关键,也具有至关重要的作用。

一、从民航服务态度着手

(一)民航服务态度的含义

民航服务态度是指民航服务人员对旅客及服务工作的认知、情感与行为倾向。它是民航服务质量的一项重要内容。在民航服务过程中,要求民航服务人员必须充分尊重旅客,用自己真心的微笑和热忱的态度让旅客满意,给旅客留下美好而深刻的印象。

▶ 我们的服务一如首航——大陆民航为包机提供优质服务

图6-2

自1月29日包机首航台北以来,中国东方民航股份公司5日又飞了1个到台北的包机航班,6日有两个航班。上航5日也飞了一个航班。

作为东航第2个飞台北的航班,5日航班载旅客298人。客舱用彩色纸条、中国结进行了布置,烘托了节日气氛。一上飞机,空姐就以甜美的微笑和热情的欢迎词迎接台胞旅客。航班起飞不久,一些旅客希望能请机组人员和空姐在帽子和首日封上签字留念,在要求被满足后,旅客说,这是永久的纪念。

读一读

飞行途中,有一些旅客晕机、呕吐。他们大都来自昆山、南通、苏州等地,为了赶春节,包机心情激动,没有睡好,一早又坐车到浦东机场搭乘包机航班。旅途的劳顿,再加上休息不好,因而身体产生了不适。空姐发现后,给他们倒水漱口、调节座椅、送纸巾、换纸袋。周到的服务,让旅客非常感动。

东航5日的航班上有40多名儿童和婴儿。空姐们送给孩子们卡通片、贴画等,使这些孩子就像在家里一样,非常高兴。

上航同一天的FM807航班上笑声、掌声不断。波音767飞机起飞不久,广播里传出悦耳的声音:"今天有两名旅客将在包机上过生日,让我们祝他们生日快乐!"推出的小推车上放着两个蛋糕、生日贺卡和礼品,在"祝你生日快乐"的歌声中,15岁的陈资名和40岁的黄赤利(音)切开了蛋糕,让周围的旅客分享,掌声又一次响起。

上航的飞机上也有25名儿童和2名婴儿。空姐们送来了丰富的儿童餐和婴儿餐。旅客惊喜地说:"想得太周到了,我们都没有要求过!"

东航6日的两个航班使用空客A321飞机,共运送旅客323名。旅客们对飞机上的餐食赞不绝口:"原以为只有首航才能享用这么好的餐饮,没想到已是第3个航班了,服务还是一样好!"

东航食品公司的大厨从1月初就开始为春节包机做准备:除了了解台湾风味的特色和烹饪要求,他们还与台湾厨师合作,开发了20多种台湾风味食品。台式卤水鸡、台式炒米粉、三杯鸡、台式马蹄糕……色彩悦目、营养丰富的各色地道台湾美食令台胞旅客一个劲地称赞。

(二)民航服务态度的特征

1.具有一定的指向性

民航服务态度是服务人员在民航服务这个特定的环境中针对民航旅客而产生的。失去民航旅客这个客体,服务态度就无法展示。所以,民航服务态度具有一定的指向性。

2.由认知、情感和行为倾向三部分构成一个有机整体

在这个有机整体中,任何一方面都会对民航服务态度产生决定性的影响。如一个民航服务人员热爱自己的本职工作,他就会对自己的工作产生正确的认识,在具体的工

作中就会表现出积极主动,从而形成积极、热情而有耐心的高品质服务态度。

3.可改变性

虽然一个人的态度一旦形成是不会轻易改变的,它将持续较长的一段时间,甚至成为人们性格的一部分。但是民航服务态度是从民航服务人员投身到民航服务环境时才开始的,经过教育、培训及一些因素的制约,它是可以改变的。

4.由民航服务对象进行评价

民航服务态度虽然无法直接观察和测定,但它可以通过民航旅客的感受和民航服务人员的服务工作状态作出优与劣的评价。国外有关研究表明:旅客对航空公司的态度,往往取决于他们与机组人员、预订机票的服务人员及其他接触旅客的服务人员的交往。一家航空公司如果拥有友好的、有礼貌的、热情的服务人员接待旅客,旅客就会用这些字眼来描述这家航空公司。

图6-3

综上所述,航空公司及其服务人员要在服务态度上花大力气、下大功夫,通过改变自身的服务态度来影响和改变旅客的态度,从而提高旅客的满意度。

二、提高民航旅客满意度

(一)旅客满意既是公司的出发点又是落脚点

任何一家航空公司在为旅客提供服务时,其目的都在于使其提供的服务能得到旅客的认可,并乐于接受。这就要求航空公司提前了解旅客需要怎样的服务,对服务有什么样的要求。企业只有把握了这个出发点,才能为旅客提供真正满意的服务,实现旅客和公司的"双赢"。

(二)旅客满意度使企业获得更高的长期赢利能力

在采取各种措施使旅客满意的同时,企业也获得许多具有竞争力的、形成企业长期赢利的优势。

1.减少企业浪费

在企业保证旅客满意度的过程中,企业会越来越了解旅客,能做出越来越精准的预测。这样,企业就不必花更多的时间和精力去做市场调查和研究,在很大程度上减少了企业的浪费,压缩了企业成本。

2.价格优势

满意的旅客往往愿意为了自己满意的理由而额外付出。当然,旅客的额外付出并不是无限度的,付出多少取决于满意度之外的一些因素,如全面的竞争环境、旅客的价格敏感度、购买类型和公司在行业中的地位等。

相关链接

▶联邦快递的鲇鱼效应

据了解,联邦快递在中国国内网络沿用其美国始创的转运中心及航线系统运输模式。位于杭州萧山国际机场的联邦快递中国区转运中心,运营初期每小时最高可以分拣9000个包裹。此外,与奥凯民航签署了排他性协议,每日启用三架波音737货机,通过运营专用的国内民航货运网络为联邦快递的国内限时服务提供支持。

联邦快递服务价格表显示,其价格远远高于国内其他快递企业,如"次早达"服务,上海到北京2公斤起价135元,"次日达"为90元。而民营快递"顺丰"和"天天快递"的收费分别为每公斤20元和15元;邮政EMS每公斤26元。

3.更高的旅客回头率

满意的民航旅客比不满意的旅客有更高的品牌忠诚度,更可能再次接受该公司的服务,这将使企业获得更多的收入和更高的知名度,最终获得更多的利润。

4.降低宣传成本

满意的民航旅客乐于将自己的感受告诉别人,如自己的朋友、亲戚,甚至其他陌生人。有研究表明,这种口头宣传的广告效应,比其他的宣传方式更加有效,并且不需要其他的任何成本。

(三)旅客的满意使企业在竞争中得到更好的保护

满意的民航旅客不但会忠诚,而且还能将这种忠诚长期保持,即使在企业出现困难的时候,这些旅客也会在一定范围内对企业保持忠诚,这最大限度地降低了对企业的不良影响,给企业缓冲困难提供宝贵的机会。但是,当价格相差很大时,旅客也很难永远保持对高价公司的忠诚。

(四)旅客满意使企业足以应付旅客需求的变化

民航旅客的需求随着时代的发展不断变化,如何抓住这一变化去满足不断产生的新需求,是许多民航企业在发展中遇到的新问题。以令旅客满意为目的的企业,由于平时所做的工作能够预测到旅客需求的变化,而且一直对服务满意的旅客一般也会给企业改变做法留出时间。因此,持续提高旅客满意度已经成为民航企业取得成功的关键因素。

信息窗

▶什么是旅客满意度

旅客满意度是国际上权威机场服务质量评价体系,又称为顾客满意度测评,是由国际航空运输协会下设的航空信息与研究中心组织进行的一个长期性的全球机场监测项目。

其运作方式是:参加机场按照统一的规则,在一定时间内发放内容相同的调查表,国际航空运输协会经过统计、分析后,对每个调查项目进行排名,由此,各机场可以看到自己在全球机场中的排名名次。调查内容包括三个方面:一是有关旅客航空旅行的基本情况;二是有关旅客对机场服务的评价,包括标识易见度、工作人员服务态度、飞往不同地区的航班频率、餐饮条件、航站楼清洁状况等项目;三是有关旅客对航空公司的评价,包括办理登机手续的等待时间、值机人员的工作效率、头等舱、候机室等航空公司的地面服务项目。

第三节
民航服务人员的态度要求

一个合格的民航服务人员应该具备良好的综合素质,即要有正确的服务意识、过硬的服务能力和良好的服务态度。在具体的服务工作中不仅强调民航服务人员要做到"眼到"、"手到"、"程序到",更应该做到"心到"、"情到"、"神到",用温暖和真情使旅客满意在旅途、温馨在客舱、开心在眉头、舒心在心头。强调对旅客的服务更多地出于亲切而又自然的"真心"、"真诚"和"真情"的流露,这就是对民航服务人员的态度要求。

读一读

▶再叫您一声妈妈

8月的一天,喀什机场的丝丝微风给这暑天增添了些许凉意。等待旅客登机的乘务员们也不觉精神抖擞。然而,突兀的哭声打破了客舱里的宁静。紧接着,一个痛哭流涕的妇女被搀扶着上了飞机。说是被搀扶,并不夸张,因为她几乎哭得晕厥过去,那撕心裂肺的哭声使人听了都不禁酸了鼻头。刚才惬意的微风不觉地冷了几分,让人打寒战。乘务员们听得心疼,慌了神,在妇女身边围成一团,有的递纸、有的安慰,可那妇女却置若罔闻,哭声依旧。乘务长袁晶在送地面

图6-4

工作人员下飞机的时候问明了妇女哭泣的原因:妇女是四川人,和丈夫一块儿到新疆打工。今天突然接到老家的电话,说他们的儿子因为下河游泳,溺水了!小孩儿才四岁多,正是天真烂漫的时候……工作人员后面说了什么袁晶已经不知道了,耳边一直重复着:四岁的儿子溺水了……她也是一位母亲,失去爱子的那种悲痛袁晶可以真切地感受到。可是该怎么安慰她呢?心里想好的话此时都显得那么苍白无力。飞机就在妇女撕心裂肺的哭喊声和袁晶紧锁双眉、满腹心事中离

开了喀什。

袁晶心如刀割,第一次感到了自己的无能为力。她决定要为这位母亲做点什么,于是,她走回了服务台,等她再出现在妇女面前的时候,手中多了一张信纸。她蹲下,握住妇女的手,将信纸递给她,轻轻地说:"我们收到了您儿子寄给您的信。"妇女愕然停止了哭泣,也许是太过惊喜,她完全忘记收到儿子的信是完全不可能的。她几乎是用颤抖着双手阅读那封信的。信上这样写道:"亲爱的妈妈,也许从现在开始将会有很长一段时间不会有人再这样称呼您,但请允许我再叫您一声妈妈。妈妈,人生中常常会有许多事情是我们不愿意去面对的。但回过头,我们又不得不勇敢地面对它。妈妈,请坚强起来!爱您的儿子。"稍后,妇女像是明白了什么似的,抱着袁晶痛哭起来,只是这次的哭声中有了勇气。抱着这位失去儿子的母亲,袁晶的眼眶湿润了……

当妇女渐渐平静下来后,袁晶终于有时间询问他们的安排了。袁晶从妇女慌了神的丈夫口中得知,他们明天一早要搭乘CZ6941次航班赶回成都,而由于走得匆忙,他们并没有在乌鲁木齐预订房间。也就是说当飞机凌晨1点多到达乌鲁木齐后,两个因丧子而六神无主的夫妻将没有落脚的地方。袁晶了解情况后,又积极地为他们联系了当晚住的宾馆,第二天,又亲自把他们送离乌鲁木齐机场。

后来,那对夫妻寄来了感谢信,感谢萍水相逢的乘务员袁晶对他们付出的真诚关心,正是那份毫无保留的真诚感动了他们,也给了他们坚强走下去的勇气。袁晶自己却一直认为:"我只是做了一件平凡的事情,做了自己觉得应该做的事情。哪怕是萍水相逢,也值得用真心去关怀去安慰。"

一、树立正确的服务意识

民航这样的服务类企业,必须把服务意识作为对民航服务人员的基本素质要求加以重视。每一名服务人员也应主动树立服务意识。如果把服务意识比喻为飞机的发动机,那么服务技能和服务技巧就是飞机的两翼。服务意识是服务技能和服务技巧的基础,只有"服务意识+服务技能+服务技巧"的民航服务,才能实现真正意义上的优质服务。

(一)正确理解服务意识

民航服务意识是指全体民航服务人员在与一切与民航企业利益相关的人或企业交往的过程中所体现的为其提供热情周到、主动服务的欲望和意识。即主动自觉做好服务工作的一种观念和愿望。

民航服务意识的内涵主要包括三点：服务意识发自服务人员的内心；服务意识是服务人员的一种本能和习惯；服务意识可以通过培养、教育和训练来形成。

(二)树立正确的服务意识

积极、主动、用心地为民航旅客服务，为自己的未来服务，这是民航服务人员必须倡导的服务意识准则。这一准则要求：只要旅客的要求和行为不违反法律、不违反社会公共道德、不涉及飞行安全，都必须服从。服务人员应该具有强烈的换位意识，站在旅客的位置上，想旅客之所想，急旅客之所急，牢记"客人永远是对的"，自觉淡化自我和自尊，强化服务的服从意识，时时处处为旅客提供尽善尽美的服务。

1.正确的角色定位

所谓角色，是指不同的人在某个特定场合中的身份。角色定位，主要是要求服务人员在为旅客提供服务之前，必须准确地确定在当时的特定情况下，双方各自所扮演的角色。在服务过程中，民航服务人员对于自己与旅客所进行的角色定位并非是一成不变的，随着双方相互接触的不断加深和服务工作的不断展开，应不断地有所变化、有所调整。例如，在家里是儿女角色，与朋友一起是朋友角色，上餐馆消费是顾客角色。根据其不同的社会和家庭环境，还有家长角色、妻子角色、领导角色等。但不管工作之外是什么角色，一上班就统一成了"服务角色"，这就是角色转换。万变不离其宗，民航服务工作中的"服务角色"定位则是不会变的。

图6-5

为了提高服务水平，民航服务人员应努力提高自己的角色认知能力和角色转换能力。只有准确地确定了双方各自所扮演的特定角色，服务人员为旅客所提供的服务才能比较到位和符合要求。

2.永远不可能与旅客平等

经常能听到有空乘和地服人员抱怨"现在的旅客素质太差"、"凭什么要我受旅客的气呢"等，这些抱怨者的错误就在于没有明确自己的角色。事实上，民航服务人员要明白，民航服务人员永远不可能与旅客平等，这样的不平等被称为"合理的"不平等。如果民航服务人员以社会上人与人之间"平等"观念来处理客我交往，认为人与人要相互尊重，客人不礼貌，先不尊重我，我为什么要对他好好服务？最终就会从角色的错误认识走入服务误区。作为服务角色，就不能去计较所谓的"平等"，只要客人不违反乘机规定和社会法规，就不能也没必要同客人"平起平坐"，针锋相对，争谁对谁错，争得脸红脖粗。培养"得理让人"的涵养和气度，正是当前年轻服务人员普遍缺乏而又急需提高的一项行业素养。

小贴士 ▼

民航服务人员应如何正确理解平等

1.所有的旅客一视同仁、同等对待。

2.所有旅客购票、订座、乘机机会均等。

3.要尽可能满足所有旅客最基本的需要。

4.旅客支付费用，享受服务的满足；服务人员付出服务的努力，争取自己的工资收入。

3.正确的服从理念

"旅客永远是对的"，这句话是对服务人员应该如何去为旅客服务提出的一种要求，而并非对客观事实作出的判断。意思就是要把"对"让给旅客，把"面子"留给旅客，有了"面子"的旅客会回报民航服务更大的面子——民航服务形象的提升、利润的提高。

小贴士 ▼

"旅客永远是对的"的具体体现

1.充分理解旅客的需要，尽最大可能满足旅客的正当要求。

2.要充分理解旅客的想法和心态，努力以更优的服务去感化旅客。

3.要充分理解旅客的误会，耐心向旅客作出真诚的解释，并力求给旅客以满意的答复。

4.要充分理解旅客的过错，秉承"旅客永远是对的"的原则，把"对"让给旅客，给足旅客面子。

4.正确的服务行为

民航服务提倡没有任何借口的服务。任何借口都是推卸责任，在责任和借口之间，选择责任还是选择借口，体现了一个人的工作态度和服务意识。在民航服务的某些方面会有这样的情况出现:服务人员找借口来掩盖自己的过失,推卸本应承担的责任。这样的局面让旅客对服务人员很不满意,这也是许多矛盾冲突的根源。

正确的服务意识,强烈的服从观念,就是要求服务人员要把服务当成心爱的事业,把旅客当成心爱的人,细心、精心、留心,为旅客提供体贴入微、舒心满意的服务;真情投入为旅客提供可以赢得旅客忠诚的服务,塑造良好的企业形象,实现价值双赢。

图6-6

二、保持良好的服务态度

(一)主动

主动是一个人自身的主观能动作用。民航服务人员应该以主人翁的态度,主动做好本职工作,全心全意为民航旅客服务。立足于主动,才能心中有数,应对自如,达到旅客满意的预期效果。为此,要求民航服务人员做到以下几点。

第一,上班前做好各项准备工作,将当天的工作计划好,按轻重缓急妥善安排。

第二,头脑冷静,处事沉着,行动敏捷,做到"眼勤、口勤、手勤、脚勤",满足旅客的各种正当要求。

第三,开动脑筋,善于发现和及时解决问题,发现旅客的困难或要求,不管分内分外,尽可能主动给予帮助解决。

第四,虚心征求旅客意见,不断总结经验,研究改进服务工作的方法,提高工作效率,提高服务质量。

(二)热情

热情是对待服务工作和旅客的真挚感情。服务人员要像对待家人一样对待旅客,以诚恳和蔼的态度,亲切体贴的言语做好服务工作。态度冷漠、言语生硬、工作马虎、举止粗鲁,必然会引起旅客的反感和不满。这不仅是个人未尽职尽责的问题,更会影响企业甚至国家的声誉和形象。为此,要求民航服务人员做到以下几点。

图6-7

第一,保持仪容整洁,端庄大方和态度的诚恳、和蔼,给旅客留下良好的第一印象。

第二,礼貌待人,在与旅客接触时精神饱满、仪态自然、话语诚恳、言辞简洁而清晰。

第三,全面照顾、一视同仁、热情待客。对生客和熟客、自己的亲友,应一律同样对待,不要厚此薄彼、以貌取人。对老弱病残旅客,应尽可能给予特别的关怀照顾,对傲慢的旅客给予谅解,仍然热情接待。

(三)耐心

耐心是不急不躁,不厌烦,能忍耐。民航服务人员要有较高的品德修养,善于控制自己的情绪,约束自己的言行,不意气用事,不粗暴无礼。为此,要求民航服务人员应做到以下几点。

第一,在工作实践中不断培养锻炼,提高自身的品德修养,经常注意保持平和的心态,特别注意在工作繁忙时更要沉着,防止急躁情绪的出现。

第二,要杜绝不耐烦和傲慢的表现,对待挑剔的旅客也不能板起面孔,一副冷漠的神情。

第三,发生误会和争执时,要平心静气、冷静理智地说服解释,妥善合理解决矛盾。遇到旅客态度粗暴、语言生硬或违反制度等情况时,仍应以礼相待,以理劝告、制止,切不可用粗暴言行相待。

(四)周到

周到就是把工作做得细致入微,面面俱到,也就是把整个服务工作做得周全、彻底。为此,要求民航服务人员应做到以下几点。

第一,态度诚恳,处处替旅客着想,了解旅客的需要,揣摩旅客的心理,工作认真、办事周详,使旅客处处感到方便。

第二,对旅客提出的问题,要尽可能详细解答,如果自己不懂,应立即转问他人,不能随意应付。

第三,熟悉民航和本公司内部的各种规章制度和有关业务知识,以便更好地为旅客服务。

小贴士 ▼

服务中禁用的五种态度

◇傲慢的态度。这会伤害旅客的自尊心。

◇慌乱的态度。这会让旅客产生对你的不信任感。

◇卑屈的态度。容易造成旅客对你工作能力的低估。

◇冷淡的态度。会使旅客感到你没有亲切感。

◇随便的态度。会让旅客因你的随意态度而对你也不尊重。

▶民航服务人员的职业素质要求

从各航空公司考察应试者的面试过程直接反映出航空公司对于民航服务人员这一职业的要求。首先,飞机客舱服务是民航运输服务的重要组成部分,它直接反映了航空公司的服务质量。在激烈的航空市场竞争中,直接为旅客服务的空姐的形象和工作态度,对航空公司占领市场、赢得更多的回头客起着至关重要的作用。其次,民航地勤服务工作人员的服务仪表仪容、服务意识和职业道德基础、服务语言应用能力、应变能力、自我控制能力、群体合作能力、社会交际能力等也体现了服务质量与展示企业形象的作用。作为一名专业的民航服务人员,职业要求主要包含以下几方面。

1.首先要热爱自己的本职工作

某航空公司高层领导曾说过,民航服务工作是非常辛苦的,当自己理想中的美好的空姐生活被现实工作的辛苦打破后,要能一如既往地主动、热情、周到、有礼貌,要认真负责、勤勤恳恳、任劳任怨做好工作,面对任何环境的诱惑,依然能坚守岗位。

2.有较强的服务理念和服务意识

在激烈的市场竞争中,服务质量的高低决定了企业是否能够生存,市场竞争的核心实际上是服务的竞争。民航企业最关心的是旅客和货主,要想在市场竞争中赢得旅客,就必须提高服务意识和服务理念。服务意识是经过训练后逐渐形成的,是不能用规则来保持的,它必须融化在每个民航人的骨子里,成为一种自觉的思想。

3.有吃苦耐劳的精神

空姐在人们的眼中是在空中飞来飞去的令人羡慕的职业,但在实际工作中却承担了人们所想象不到的辛苦,飞远程航线时差的不同,飞国内航线各类旅客的不同,工作中遇到的困难和特殊情况随时都会发生,没有吃苦耐劳的精神,就承受不了工作的压力,做不好服务工作。

4.刻苦学习业务知识

一名民航人,需要掌握许多的知识。例如,在飞往美国的航班上,空姐首先要掌握如美国的国家概况、人文地理、经济等基本内容,了解航线飞越的国家、城市、河流、山脉以及名胜古迹等,还要掌握飞机的设备、紧急情况的处置、飞行中的服务工作程序以及服务技巧等。可以说,空乘服务人员上要懂天文地理、下要掌握各种服务技巧和服务理念。

5.学会沟通

语言本身代表每一个人的属性,一个人的成长环境会影响他(她)的说话习惯,作为一名乘务员是必须要学会沟通的。不同的服务语言往往会得出不同的服务结果。如对老年旅客的沟通技巧、对特殊旅客的沟通技巧、对发脾气旅客的沟通技巧、对重要旅客的沟通技巧、对第一次乘飞机的旅客的沟通技巧、对航班不正常时服务的沟通技巧等都要掌握。

思考与练习

1.民航服务人员的态度要求有哪些?

2.服务态度在民航服务中有什么重要作用?

3.读故事,悟道理。

煮熟的鸭子飞了

某民航学校学生刘永强、胡磊是同一个宿舍的同学,他们所学的专业都是民航安全技术管理。××机场来学校招聘,他们都前去递交了自己的求职材料。后来他们都顺利地通过了笔试,并同时进入了最后的面试。

面试时,他们被分在两个会议室。主考官问了刘永强一系列关于民航业未来发展的问题。刘永强对答如流,并按照考官要求提出了自己的新见解,受到了主考官的赞赏。在另一个会议室,胡磊的面试也进行得很顺利,主考官对他的回答也表示十分满意。

在面试结束时,主考官向刘永强和胡磊提出了同样的问题:"对不起,我们公司的电脑出了点故障,参加面试的复试名单里没有你们,非常抱歉!"只是说话的考官不在同一间会议室。

原本胜券在握的刘永强听到了主考官的话后,马上就失去了风度。他生气了,质问考官为什么会出现这样的事,他这么优秀的一个人,在学校里每次考试都是第一名,刚才面试中表现得那么突出。为什么居然不能进入复试?主考官对他说："你先别生气。其实,我们的电脑并没有出错,你以第一名的成绩进入了我们的复试名单。刚才的插曲不过是我们给你出的最后一道题。面对竞争激烈的就业,你感到惶恐和不安是正常的。但是,你的心理承受能力实在是太差了。民航安检部门是全机场最有可能经历风险的部门,作为这个部门的工作人员,我们需要有良好心理素质的人才。我们希望你能找到更合适的工作。"刘永强愣住了:前功尽弃了!没想到这也是一道考题!

而在另一间会议室里,胡磊在听完了同样的问题之后,面带微笑,十分镇定地说："我对贵公司发生的这个错误十分遗憾,但是我今天既然来了,就说明我和公司有缘分。我想请您给我一次机会。这个计算机的失误对于我来说,或许是人生的一个难得的机遇,对于公司来说,这或许意外地选择了一个优秀的员工。"主考官露出了满意的神情："你真不错!我愿意给你这个机会。"

通过这则小故事,你悟到了关于态度的什么道理呢?

第七章

民航服务中的人际关系处理

学习目标

1.了解民航服务中客我交往的含义,把握客我交往的性质。

2.认识客我交往的心理效应,克服客我交往的失误。

3.掌握客我交往的技巧,处理好民航服务人员与旅客的关系。

案例导入

通宵达旦保持温馨服务，忍辱负重保证飞行安全

北京雷雨、飞机备降、民航管制、排队等待……傍晚开始，从虹桥机场前往北京的航班大部分都处于滞留状态，漫长的等待对旅客、飞行员、乘务员、地面服务员都是一次挑战、一场考验。MU5127乘务组正处于等待之中……

MU5127乘务组刚刚从北京飞回虹桥机场，她们于当日下午执行了一趟上海—北京的航班，还算顺利。但是从北京返程的时候，她们已经得知首都机场即将被雷雨覆盖，他们意识到，接下来的航班大概凶多吉少了。

果然，当299名旅客全部登机后，客舱经理石玉从驾驶舱得到了飞机延误的消息，由于首都机场遭遇暴雨，航路天气恶劣，不适航，MU5127只能在虹桥机场等待离港消息。在这样的夏季雷雨天气，应对航班延误，显然是件很头疼的事，但是出于职业操守，乘务组必须坚守岗位，主动出面应对旅客中的各种情绪。广播通知延误信息，轮流巡视客舱，与旅客进行个别交流，及时提供饮料，排解旅客困扰……从下午1点航班准备到晚上9点，已经工作了8个小时的乘务员体力上显然有些疲乏，但是12名乘务员仍旧个个精神抖擞、面露微笑、耐心细致。

MU5127航班仍在虹桥机场滞留。这个航段本来的餐饮服务是三明治和饮料，延误的时间里，乘务组已经完成了应有的服务流程，但此刻延误仍在继续。考虑到等待的时间未知，而且许多旅客仅靠一个三明治根本不能满足需要，石玉决定加配正餐。食品公司立即给予响应，很快送来了餐食。热腾腾的餐食不仅填饱了旅客们的肚子，也温暖了大家的心。

随着延误时间的增长，客舱内的不安情绪开始蔓延。部分旅客不愿再继续等待，选择下机。石玉在征求了机长的同意后，立即协助旅客下机。地面商务很快来到飞机上，配合旅客办理离机手续，区域乘务员和安全员一同完成清舱工作，以确保空防安全。在这个延误的过程中，共有四批旅客先后提出中止旅行，机组、乘务组、安全员、地面商务通力配合，满足旅客的需要。

午夜时分，有部分旅客难以压抑心中的苦闷，几次三番冲到服务舱里与乘务员"理论"，说北京的雨已经停了，为什么飞机还迟迟不起飞，广播中说到的民航管制都是说辞。有的人甚至还想擅自打开舱门，还有人想要冲进驾驶舱。乘务员胡路立即上前制止，她拉着旅客的胳膊走进服务舱，送上一杯冰水，说道："这位先生，请您一定消消火，我非常理解您的心情，我也很想让您尽快成行，但由于之前的雷雨，许多飞机都滞留在虹桥机场，并且还有许多飞机备降到北京周边的机场，大家都在排队飞往北京，但机场的起驾时间是有严格要求的，我们必须听从塔台

的指挥……"在旅客的责骂、不理解中,他们始终陪伴在旅客身旁,不停地向大家解释延误的原因,把从驾驶舱中获得的信息用最通俗的语言告诉大家,希望大家能够理解。听说有旅客的手机没电了,有人立即拿出自己的手机为旅客拨通对方的号码。其余的乘务员也各有分工,有的为旅客提供饮料,有的专门解决旅客的疑问或苦闷。虽然夜已深,但客舱里灯火通明,无人入眠。

从驾驶舱传来了好消息,MU5127航班将于2:40起飞。各个区域的乘务员立即将这个好消息告诉了旅客。经历了11小时40分钟的漫长等待,飞机终于腾空而起,沸沸扬扬的客舱陷入平静。静谧的客舱里,许多旅客已经进入梦乡,只有乘务员轻轻地来回巡视,为穿着单薄的旅客盖上毛毯,把小桌板上空置的杯子收走……坐在头等舱的上海市政协委员向客舱经理要来信纸,洋洋洒洒地写了一封长达4页的感谢信。他把自己亲历延误和亲眼所见写入信中,他赞扬乘务组优秀的亲和力、周全的工作技巧,化解了一次又一次可能带来的危机和冲突。他从一个旁观者的角度,感受到了乘务组对待每一位旅客的真心和面对"麻烦"乘客时的挺身而出。他提到在飞机上长达近8小时的时间里,乘务组不埋怨客观原因、不推卸工作职责、不减低服务热情,最终换来了旅客的理解。

民航服务工作是"与人打交道"的工作。要做好服务工作,就必须研究与人打交道的学问,研究民航旅客心理。民航服务中的客我交往是人际交往中一种特殊的交往。了解客我交往的特性、主客双方的心理特征;掌握客我交往的技能、技巧,才能确保客我双方获得满意的服务效果。本案例中的石玉等民航服务人员就是在面对航班延误,旅客情绪不安、躁动的情况下,展示出了高超的客我交往技巧,处理好了与民航旅客的关系。

第一节
和谐人际之旅

一、什么是人际关系

人际关系是指人与人之间比较稳定的心理关系,它是在一定的群体背景中,个体在交往的基础上形成的,是由个体的个性特点进行调节并伴随着产生满意或不满意的情感。例如,家庭成员之间的亲情、男女之间的爱情,企业内员工之间的友情、学校中的师生之情等,都是人际关系的体现。

(一)人际关系的形成

人际关系的形成,包含认知、情感和行为三方面。

人是社会关系的承当者,社会关系是一个多层次的关系体系,它包括人们在生活实践中彼此建立的全部关系,以及由生产关系所决定的政治关系、法律关系、道德关系、宗教关系和心理关系等,人际关系就是这种社会关系中的心理侧面。因此,人际关系的实质是人的全部社会关系中的"心理关系"。人际交往以社会关系为基础,受社会关系制约;反过来人际关系又影响社会关系的发展,因为它是人们进行交往,形成各种社会关系的基础和条件。

拥有良好的人际关系有利于企业的团结,有利于提高工作效率,有利于心理健康,同时也对精神文明建设有良性刺激。

图7-1

(二)人际交往的类型

人际交往是人际间思想和感情的相互传递过程,根据传递的方式、载体、规模等因素,可把人际交往划分为不同的类型。

1.直接交往与间接交往

运用言语、表情实现面对面的交往称为直接交往。而借助书面语言,通过大众传播媒介实现的交往叫做间接交往。间接交往可以进行较大范围的交往,但不如直接交往迅速、清楚,也不如直接交往容易得到反馈。

2.个人交往与团体及各层次的交往

个人之间的交往,例如,民航旅客个人之间、民航服务人员与民航旅客个人之间、民航服务人员个人之间所进行的交往。

3.单向交往与双向交往

单向交往是一方向另一方传递信息,不需要对方进行反馈交流;双向交往则是收受信息的一方可以向信息传递者提出问题、交流思想和情感。一般面对面的交往多属双向交往。双向交往有利于交流更加具体和准确,所以,紧急、简单的事情宜采用单向交往,复杂的事情宜采用双向交往。

4.下行交往、平行交往和上行交往

上级与下级人员的交往为下行交往。同级组织之间的交往为平行交往。下级团体与组织的交往为上行交往。

5.语言交往与非语言交往

言语交往是借助于声音、词、句子等言语材料所进行的交往。非言语交往是借助动作、表情、姿态等行为语言所进行的交往。两者通常是结合在一起使用的。

二、影响人际关系的因素

影响人际关系的因素有很多,归纳起来可分为主观因素和客观因素两大类。

(一)主观因素

1.性格因素

良好的性格会使人建立起广泛而和谐的人际关系,但不良的性格,如自私、贪婪、虚伪、骄傲、阴险、冷酷、顽固等,都是严重阻碍人际交往的因素,是产生人际排斥的主要根源。

2.认识因素

认识障碍是由于人们认识上的分歧而产生的人际排斥,认识上的分歧越大,态度上的相似性就越小,自尊的需要就越得不到满足,彼此之间就会相互疏远、互相排斥。

3.品质因素

良好的品质,如诚恳、理解、忠诚、可靠、聪明、体贴、热情等,都是人际关系中最受欢迎的品质。而欺诈、古怪、恶意、残忍、不诚实、不可信赖、贪婪等不良品质,自然得不到人们的欢迎。

4.情感因素

情感是建立人际关系的基础,是联结人际关系的纽带。积极情感加深人际吸引,消极情感则是建立良好人际关系的障碍。淡漠、厌恶、嫉妒等情感特征,都会引起他人的反感,产生相互排斥,严重破坏人际关系。

(二)客观因素

1.年龄因素

人际吸引力一般来说随着年龄差别的扩大而减弱。青年人朝气蓬勃,向往未来;老年人情系往昔,缅怀昨天,青年人与老年人的思想情趣、思维方式和行为方式有较大的差别。这种差别既可作为互补的基础,但也能构成两代人之间的隔阂。

2.职业因素

现代化生产的高度分工与协作,使人们长期局限于特定的社会领域进行独特的工作,个人交往受到很大限制。同时,不同职业的人们之间往往缺乏共同的理想和语言,自然产生交往困难;而职业相同,又可能会产生对立,这些都构成了人际关系健康发展的阻碍。

3.社会因素

人际关系是社会关系的反映,它受各种社会条件的制约。如有阶级对立,有行政关系的官民之异,有经济关系的贫富之分等。差距越大,相互交往就越少。

4.阶层因素

阶层因素是制约人际关系的社会条件之一。阶级对立、行政限制、特殊风俗习惯、落后的道德规范等都是人际关系发展的严重障碍。

在民航服务工作中,哪些因素会影响我们与旅客、与同事人际关系呢？

考考你

三、人际交往的原则

(一)尊重他人

每个人都有要求他人尊重的需要。尊重他人,是人际交往中非常重要的一个原则,也是人际交往中最起码的美德,是形成良好人际关系的基础。尊重他人,就是要尊重他人的人格、兴趣、爱好、习惯等。

(二)真诚待人

所谓人心换人心,你若真心对待他人,别人也会真心待你。

(三)热情助人

法国启蒙思想家卢梭曾说过:"对别人表示关心和善意,比任何礼物都能产生更多的效果,比任何礼物对别人都有更多的实际利益。"每个人都有被关心的需要,因此,要得到他人的关心,首先要去关心帮助他人。

(四)悦纳他人

每个人都有自己与众不同的个性和习惯,有优点也有缺点。要处理好彼此的关系,就需要真诚地悦纳他人,从心底把别人当自己的朋友看待。一旦他人感受到你真诚的悦纳,自然就会心悦诚服地与你处好关系。

(五)恪守信用

信用即指一个人诚实、不欺骗、遵守诺言,从而取得他人的信任。人离不开交往,交往离不开信用。要做到说话算数,不轻许诺言。与人交往时要热情友好,以诚相待,不卑不亢,博取别人的信任,产生使人乐于与你交往的魅力。

(六)平等互惠

在人际交往中总要有一定的付出或投入,交往的需要和这种需要的满足必须是平等的,平等是建立人际关系的前提。人都有友爱和受人尊敬的需要,都希望得到别人的平等对待,人的这种需要,就是平等的需要。在平等的基础上,交往的双方相互依存,通过对物质、能量、精神、感情的交换而使各自的需要得到满足。

读一读

▶风中的羽毛

有一天,一位年轻女士无意间说了几句话,伤害了她交往多年的一位好朋友。她为给朋友造成这样的伤害备受折磨,心神不宁。她想与朋友重修旧好,就去找了一位智慧的长者。

长者耐心听完之后说,"有时为了恢复原状,需要付出巨大努力。为了重修旧好你什么都愿意做吗?"

年轻女士的回答发自肺腑:"我愿意!"

长者说:"要重修旧好,有两件事情你需要去做。今天晚上,带上你最好的羽毛枕头,在每个枕头上都打开一个小孔。然后,在太阳出来之前,你必须在镇上每一家房前的台阶上放一根羽毛。"

"你做完后,再回到我这里。如果你善始善终做完了第一件事,我会告诉你第二件事怎么做。"

整整一夜,她都在寒风中忙活着。她在一家一家房前的台阶上放着羽毛,小心翼翼地唯恐漏掉其中一家。天寒地冻,她的手指冻僵了,寒风呼啸,她的眼睛不停地流着泪,但她仍然坚持穿过黑暗的街道。

最后,天渐渐亮的时候,她终于在最后一家的台阶上放上了最后一根羽毛。

这个时候,太阳刚好升起。尽管筋疲力尽,但她如释重负,回到了那个长者的身边。长者说:"现在你回去把那些羽毛再填进枕头里去,然后一切都会回到原来的状态。"

年轻女士一下子目瞪口呆:"你知道那是不可能的!我刚把羽毛放在台阶上,风就飞快地把它们吹跑了!如果这就是第二个要求,那事情再无法回到原来的状态了。"

"你说的没错。"长者说,"千万不要忘记,你说过的每一句话就像风中的羽毛一样,话一出口,任何的努力——无论这种努力是多么发自肺腑、真心实意,都不能再将这些话收回去。越是在你所爱的人面前,说话越要注意分寸。"

四、人际交往的作用

人们通过语言、表情传达思想,交换意见,表达感情需要的沟通过程,我们称之为人际交往。通过人际交往人们认识社会、了解自己和他人、协调相互关系,以更好地适应环境。人际交往的作用主要表现在以下几个方面。

(一)信息沟通作用

一个人直接从书本上学到的知识毕竟是有限的,人们在交往中可以通过信息的沟通,了解社会行为规范,了解各种不同社会角色的行为标准,以便在各种社会活动中与其他社会成员在行为上保持和谐一致。

(二)心理保健作用

人有人际关系的需求,这种需求的满足是保持心理平衡、保证身心健康的重要条件。人在社会中会产生喜、怒、哀、惧的情绪变化,通过人际交往向朋友诉说自己的心情,可以降低和消除消极情绪的影响,恢复心理平衡。

(三)自我认识作用

人们通过人际交往,一方面可以通过与别人的比较来认识自己;另一方面可以通过别人对自己的反映来认识自己,这有利于对自己作出较客观准确的评价。人在自我意识的发展过程中,正是从别人对自己的态度和评价中了解自己在他人心目中的形象和在社会中的地位,并参照别人评价来客观地认识自己。

(四)人际协调作用

交往是人类在改造自然界的过程中相互协作的产物。个人在自然界面前是软弱的,而集体的力量则是无穷的。正是通过社会交往,使单独的、孤立无援的个体,结成为一个强有力的集体,共同改造自然。

五、建立和发展良好的人际关系

(一)良好人际关系建立的基本条件

1.空间因素

人与人在空间地理位置上越接近,越容易形成密切的人际关系。

2.相似因素

年龄、经历、长相、性格、态度、家庭社会背景、经济条件、职业、文化素质、宗教信仰、价值观念等相似、相近的因素越多,就越容易相近相亲,从而建立良好的人际关系。

3.需要的互补

当双方的需要正好与对方的期望成互补关系时,彼此容易产生吸引力,从而形成友好的人际关系。

图7-2

4.仪表

在人际交往初期能够给人以良好的初步印象,使人愿意与其进行交往。

5.能力与专长

一个能力较强且有专长的人,容易使人对他产生一种敬佩和信赖感,愿意与他接近,成为好朋友。

6.情境因素

良好的社会环境能够给人提供交往机会,良好的自然环境也能给人提供理想的交往场所,最佳的情绪状态则是交往得以进行的必备条件。

(二)建立和发展良好人际关系的途径

建立和发展良好人际关系的途径很多,日常生活中可以从以下几个方面做起。

1.以开放的心态,积极对待人际交往

每个人内心都非常渴望得到朋友,但是却很少有人能够主动去和他人交流。我们生活中就常常出现这样的状况:两个人坐在一起,可以面对面交流,但是两个人都不愿意主动开口,宁可各自拿着手机给远方的人打电话。勇敢一点,大方地主动和别人打招呼,你一定能很快地赢得一大群朋友。例如,你如果常常在楼道里碰见老师或同学,试着主动向对方点头微笑,你们一定会慢慢熟识起来。

2.积极为他人做些事情

在他人需要帮助和支持的时候,积极地为他人做些事情,能够增加他人对你的好感,从而与之建立融洽的关系。积极为他人做些事情,在你遇到困难的时候,自然会有更多的人愿意帮助和支持你。

3.发扬合作精神

现在很多人都能认识到我们处在一个能力较量的社会中,努力在各方面完善自己,但因为这样,有的人就时时处处把周围的每一个人都当做竞争对象,不愿与别人合作。当今社会不仅是一个竞争激烈的社会,而且是一个强调合作的社会。每个人都有自己的优势与不足,彼此之间的思维撞击往往能使人产生新的思想火花。我们很容易感受到,经常与他人交换

图7-3

思想,交流情感,真诚地互相帮助,不仅能够共享成功的喜悦,还可以与他人建立起了良好的人际关系。

4.真诚地称赞别人

在与别人相处的过程中,要善于发现别人的优点,感受这份美好,然后真诚地给予别人赞美。这样,每个人都会乐意与你交往。"良言一句三冬暖,恶语伤人六月寒。"曾经有一本杂志上面介绍过一个周游世界的人,她并不懂得每个国家的所有语言,但每到一个国家,她都会提前学会用那个国家的语言说一些礼貌和赞赏别人的话,这样,她每到一个陌生的国家,都能交到很多朋友,从而度过了愉快的时光。

5.多站在他人的立场上想问题

凡事只考虑自己的感受,不懂得为他人着想,只以自我为中心的话,难以建立良好的人际关系。与他人交往,自己高兴时,就高谈阔论,手舞足蹈,不高兴时,就乱发脾气;有时候自己遇到烦心的事情,看到别人高高兴兴的,就埋怨别人不理解自己,不关心自己……这些认知都会阻碍发展良好的人际关系。我们应该明白:每个人都有自己的生活,别人没有义务也不可能无时无刻都关注着你的感受。我们要尽量悦纳别人,多站在他人的立场上想问题。例如,在同学午睡时,尽量放轻动作,自己听音乐时戴上耳塞等。

6.不要过于显示完美

我们可以看到这样的人,他们各方面都很不错,长得精神,人又聪明,有抱负,但是他们往往不能和别人友好地相处。心理学家做过这样一个实验:随机找到一群互不相识的人,让他们在一个房间里观察另一个房间里发生的事情。在这个房间里,实验者安

排了四个人做一些事情，其中第一个人表现非常出色，几乎没有差错；第二个人表现同样出色，但是不小心把杯中的水洒了；第三个人表现平平，但是没有出状况；第四个人表现平平，但又把杯中的水洒了。最后问这群人他们比较喜欢哪个人，结果是大多数人最喜欢第二个人，而对第四个人的评价最低。为什么呢？

其实，一个有魅力的人，不是要让别人觉得你有多完美，关键是让他人觉得与你在一起的时候能体现出自己的价值。在与他人相处的时候，不要过于显示自己的完美，一定注意不要忘记感谢别人为你做的事情。带着热情和真诚的笑容去感谢他们，让别人了解到你非常需要他们。真诚的一句话："没有你，我真不知道该怎么办？"能使别人感到自己是必不可少的。当朋友取得成就时，动手写封信，专门给他们打一个电话，或者专程拜访，以表祝贺。

小贴士 ▼

建立和谐人际关系的十大法则

1. 由彼观彼，善解人意。
2. 己所不欲，勿施于人。
3. 不求取免费的午餐。
4. 己所欲而推及于人。
5. 永远不忘欣赏他人。
6. 诚信待人。
7. 和气待人。
8. 不靠语言取悦别人，要靠行动取信于人。
9. 要雪中送炭，不要锦上添花。
10. 以德报怨。

第二节
民航服务中的客我交往

一、什么是客我交往

(一)客我交往的含义

客我交往,是指民航服务人员与旅客之间为了沟通思想,交流感情,表达意愿,解决旅途中共同关心的问题而相互影响的过程。客我交往是民航服务存在的条件和方式,没有客我之间的交往就没有民航服务。

(二)客我交往的特征

由于民航服务人员所处的特定角色以及民航旅客所处的特定地位,客我交往表现出一系列特征。

1.交往地位的不对等性

在民航服务交往中,对旅客而言,人际交往可以凭兴趣和自愿,但对民航服务人员来说,旅客与服务人员的接触,通常是不对等不平衡的,也就是说在这种接触过程中只有旅客对服务人员提出要求的权利,而服务人员是不能对旅客提出要求的。不平衡和不对等接触也表明服务人员必须服从和满足旅客的意愿。因此,民航服务人员不可能在服务过程中与旅客处于完全平等的地位。但在民航服务的实践中,有一些传统观念较深的服务人员,由于不能正确理解和处理这种不对等的关系而陷入自卑或逆反,从而给民航服务管理和服务质量造成消极影响,有损民航企业的声誉。

▶ **一次难忘的飞行**

读一读

2011年3月,我准备搭乘新加坡航空公司旗下的子公司SILKAIR(新加坡胜安航空公司)的班机飞往新加坡。到达新加坡机场2小时后,我将再搭乘新加坡航空公司SQ227的空中客车A380赶往澳洲墨尔本。

但由于新加坡当地的天气原因,导致SILKAIR这趟和成都链接的航班延误达3个多小时。我一算时间,原来定好的2小时内可衔接的航程打乱了,我没有办法及时搭乘上SQ227这趟航班。在当天下午,我致电新航,请他们给出解决的办法。新航立刻制定了一套方案,为我改签时间,推迟3天起飞。

于是,新的问题又出现了,这次延误却造成了航班之间衔接的问题。由于我购买的机票是3天前前往墨尔本的机票,3天之后由新加坡—墨尔本的这趟SQ227班机的经济舱却已满员。新航当时电话联系我,表示能不能再推迟3天。我当时就拒绝了这个提议,因为如果再推迟3天,我就会错过开学时间。

我再次致电新航,对方非常诚恳地对我表示歉意,并提出将派专人在新加坡接待我,并表示为我升舱。

升舱?那我不是由经济舱升级为公务舱了?结果更是出人意料,新航那头的客服小姐告诉我:“由于公务舱也已满员,我们将为您安排一个头等舱的座位。”当天下午抵达新加坡后,新航方面派出了专人接待我,包括为我更换登机牌,帮助我托运行李,甚至带领我乘坐机场快轨等。

次日抵达墨尔本机场时,当次航班的机长还专程到我的座位前,再一次给我致歉,并送上了一份巧克力表示歉意。

其实,航班因天气原因延误,并不是他们的错。但他们却把我们旅客放在首要地位,全心全意为我们着想,他们的服务着实让我感动。

2.交往的公务性

民航服务中的客我交往,主要是出于公务上的需要,而不是个人感情、兴趣爱好等方面的需要。也就是说,在一般情况下,民航服务人员与旅客的接触只限于旅客需要的地点和时间内,否则就是打扰旅客的违规行为。

3.交往深度的局限性

民航服务人员与旅客之间的接触只限于具体的服务项目,而不能涉及个人关系,更不能对个人历史、家境和性格等进行深入了解。

4.交往时间的短暂性

由于民航服务本身的特点,旅客从购票、候机、登机、途中飞行,直至到达目的地,时间不会太长。这就形成了民航服务交往频率高,时间短的活跃局面。即使在机场候机时间稍长,但客我接触时间仍较少,相互熟悉、沟通的机会就很少。

5.交往结果的不稳定性

民航服务是人与人、面对面的交往活动。由于民航服务人员的个人素质、能力、性格差异以及旅客社会地位、经济实力、文化背景和情绪变化的区别,同一服务人员在不同的时间、地点,向不同旅客提供同一服务的项目,也会产生截然不同的服务效果,因此,交往结果具有不稳定性。

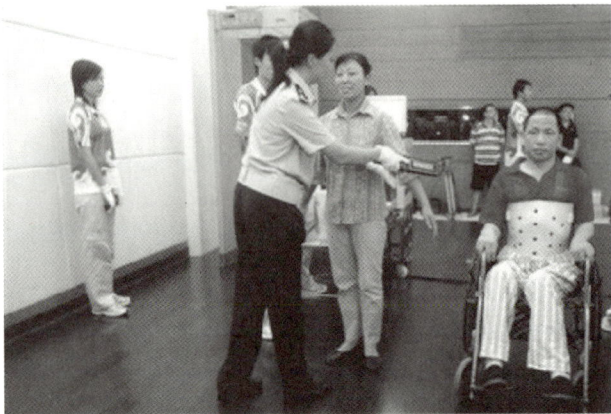

图7-4

二、影响客我交往的因素

在民航服务中,会有许多因素影响民航服务人员与旅客的交往,其中有主观因素也有客观因素,了解这些因素,对于处理好与旅客之间的关系,做好民航服务是非常必要的。

(一)影响人际吸引的因素

人际吸引是客我交往中彼此间相互欣赏、接纳的亲密倾向。它是人类基本心理因素之一,也是形成良好人际关系的重要基础。归结起来,主要包括以下几个方面。

1.接近且接纳

由于人与人之间在活动空间内彼此接近,因而有助于人际关系的建立,由空间上的接近而影响人际吸引的现象被称为接近性。心理学家经过实验证明,接近是友谊形成的一个重要因素。但是,人与人空间上彼此接近,未必一定彼此吸引,在接近的前提下想要进一步与旅客建立良好的人际关系,彼此相互接纳,无疑是另一个重要因素。所谓接纳,是指接纳旅客的态度与意见,接纳旅客的观念与思想。只有在接近的前提下彼此接纳,才会有助于彼此之间的交往。

2.相似因素

交往双方相似之处越多,越容易建立起良好的人际关系。例如,相似的年龄、受教育程度,相同的信仰、兴趣爱好,共同的国籍、种族,共同的文化、宗教背景,相同的职业、社会阶层等,都会不同程度地增加人们之间的相互吸引,增加亲密感。因此民航服务人员要善于发现与旅客的相似之处,从而增进交往。

3.外貌吸引

在客我交往中,第一印象十分重要,而第一印象的制约因素包括仪容仪表和仪态。那么民航服务人员想要增进人际吸引,就应当做适当的"印象修饰",从自己的服饰、举止、面部表情、精神状态等方面作出适合自身的角色和当时情境需要的行为,产生令人愿意接近和接受的吸引力。

图7-5

4.人格吸引

民航服务人员的性格、气质、能力等人格品质,对客我交往关系的建立与维持能产生持久的影响。所以增强自己的人格魅力是进行良好人际交往的重要因素。开朗、热情、真诚、自信等性格特征是旅客乐于接受的,而冷漠、封闭、虚伪、自卑的人则容易被旅客疏远。同时,客我交往还需要有宽容的品质,能够虚怀若谷,接纳旅客的不同意见,对旅客谦恭有礼,这样才能受到旅客的欢迎。

(二)客我交往的心理效应

在客我交往过程中,旅客难免会因为一些社会知觉偏差的暗示和支配,影响着他们对航空公司或民航服务人员的客观认识和评价,它们既有好的一面,也有不好的一面。了解这些心理因素,能为民航服务人员的工作带来好处。

1.第一印象

第一印象形成的时间很短,但一旦形成就很不容易改变,这种印象会一直影响着民航旅客与服务人员以后的交往。即使后来的印象与第一印象之间有差异,旅客仍会倾向于服从最初的印象。旅客的第一印象,往往对民航服务人员的整体评价与看法起着决定性的作用。

2.晕轮效应

晕轮效应是一把"双刃剑",如果民航服务人员好的品质先被旅客认知,所形成的"晕轮"就会遮掩服务人员的某些失误,也使服务人员有机会对自己的失误加

图7-6

以弥补。如果不良品质先被旅客认知,其所形成的"晕轮"则会遮掩服务人员的优点,而"放大"服务人员的微小失误。

3.角色扮演

角色,心理学上的解释是一种职能,一种对每个处在这个地位上的人所期待的符合规范的行为模式,角色有四个要点:充当某种角色,就意味着在社会生活中处于某种地位;角色是一种职能,一种权力;每一种角色都有其符合规范的行为模式;一个人一旦充当了某种角色,人们就会按照该角色的标准和要求对其予以相应的期望。

图7-7

第三节
客我交往成就完美服务

民航服务人员要能与旅客保持良好的客我交往,既需要具备健全的人格、正确的认识方式和正常的情绪反应,同时更要讲究相应的交往技巧和技能。

一、客我交往的原则

(一)平等原则

每个人都需要得到别人的尊重,都需要通过交往寻找自己的社会位置,获得他人的肯定,证明自己的价值,而平等的原则正好可以满足客我交往的这一需要。民航服务人员和旅客在角色上是不对等的,但交往过程中彼此在人格上是平等的,双方都是彼此的受益者,一定要平等对待,不可盛气凌人或阿谀奉承。

(二)诚信原则

"诚"是诚实,"信"是信用。诚信是人与人之间建立友谊的基础,也是客我交往的根本。在客我交往中,只有双方心存诚意,才能相互理解、接纳和信任,才能有感情上的共鸣,交往关系才能得到发展和延续。如果民航服务人员给旅客以虚假、靠不住的印象,就会失去旅客的信任,很难再为旅客提供进一步良好的服务。在交往过程中,服务人员要恪守"言必行,行必果"的古训传统。

(三)宽容原则

俗话说"金无足赤,人无完人",宽容是一种美德,也是对健康交往关系的呵护。在客我交往中,要用辩证观点看问题,不过分挑剔旅客。在旅客有不同意见时,要有豁达的气量接纳旅客的不同意见。严于律己,宽以待人,不放纵自己、不苛求他人,就会赢得旅客的尊重和喜爱。

(四)赞扬原则

马克·吐温谈到自己被人戴高帽子的感觉时幽默地说:"我接受了人家愉快的称赞之后,能够光凭着这份喜悦的心情生活两个月。"从内心深处来讲,人人都希望得到他人的肯定和赞美,一点赞美的火花很可能就会燃起友谊的火焰。在客我交往中,民航服务人员要善于发现并且鼓励赞扬旅客的优点与长处,礼貌相待,才能相互促进和提高。民航服务人员的赞扬会给旅客带来愉悦和良好的情绪,反过来,民航旅客的好情绪也会感染到服务人员。恰当地赞美他人,会给他人以舒适感。所以,要建立良好的客我关系,恰当的赞美是必不可少的。

图7-8

二、客我交往的技能与技巧

(一)塑造良好的自身形象

现代社会,人们比较注重服务人员的外表和风度。良好的自身形象和大方的仪表是客我交往的基础,甚至在一定程度上,服务人员的形象如何,将直接影响与旅客关系的质量。民航服务人员在与旅客交往时应该注意以下几方面。

第一,衣着整洁大方,符合自己的身份和气质,可适当修饰或化妆。

第二,举止得体,谈吐文雅,不言过其实,也不吞吞吐吐。

第三,态度谦和,热情大方,切忌傲慢自大,冷漠无情,目中无人。

第四,在适当时候可展示自己的特长和才华,但不可自我吹嘘,故意卖弄。

第五,乐于助人,当旅客需要帮助时,给予全力帮助。

第六,文明礼貌,谦虚谨慎,实事求是。

(二)学会倾听

倾听是对民航旅客尊重的表现,是交谈成功的诀窍。善于倾听的人善于沟通,深得人心。民航服务人员要养成良好的倾听习惯,这将有助于民航服务人员为旅客提供满意的服务。倾听的要领是,耐心听取旅客说话,态度谦虚,目光注视旅客,让旅客感觉到服务人员的专注;在旅客说话的过程中,服务人员不随便打断对方,可以适当地提一些简短的问题,通过提问向旅客传达一个信息,表明你在认真仔细地听他说话。另外,倾听时要能听出对方的言外之意,把握说话者的真正意图。

(三)学会赞美

赞美的实质是对他人的赏识和激励。现实生活中每个人都希望得到尊重和肯定,他人的赞美正好是对这种需要的满足。与旅客交流要使用赞美性的语言,恰到好处的赞美能带来和谐的人际关系,给旅客带来美好的心情。但是,在赞美他人时,要真诚、适度,否则效果会适得其反。

(四)热情有度

热情有度是指民航服务人员在为旅客服务时,要把握好热情的分寸,热情不够,通常是怠慢旅客;服务热情过度,也会妨碍旅客,同样达不到预期的效果。民航服务人员应在深谙现代人强调尊重自我的基础上，把握好热情服务的度，使旅客在享受服务的过程中心安理得，泰然自若，不受过度礼遇的惊扰。

三、客我交往的注意事项

(一)不卑不亢，心态平和

现代社会生活丰富多彩，在不同的时空，人们所扮演的角色也在不断转变，服务与被服务的角色也应时间和空间的不同而变化。不卑就是不显得低贱，不亢就是不显得高傲。在旅客面前，服务人员要永远保持平和的心态，既不要在为旅客服务时感觉低人一等，也不要在别人为自己服务时傲慢无礼。

(二)不与旅客过分亲密

民航服务人员在为旅客进行服务时要注意公私有别。在工作中，出于礼貌或为了创造和谐氛围的需要，服务人员可以和旅客进行一些简单的交谈，但服务人员与旅客交谈不能影响工作，也不能离题太远。

(三)不过分殷勤，不过分烦琐

对于旅客提出的要求、托办的事项，服务人员只需要轻声回答："好的"或"明白了"就可以，不要喋喋不休地重复，以免使旅客感到厌烦，否则，这也是一种失礼的表现。

(四)一视同仁

虽然民航旅客各自的身份、地位、年龄、职业等不一样，但民航服务人员都应当对他们一视同仁。有的民航服务人员以貌取人，这是不可取的，应该摒弃。还有的服务人员见到熟人来乘飞机，就特别客气，甚至长时间大声交流，这会给旅客带来很不好的印象，认为唯亲是尊，也会给公司带来不良影响。但对于老、弱、病、残、孕等特殊旅客应该主动搀扶，并给予周到的照顾。

图7-9

(五)表情适度，举止得体

在人际交往中，表情被视为信息传播与交流的一种载体。民航服务人员在为旅客提供服务时，有必要对自己的表情进行适当调控，以便更准确、适度地向旅客表达自己的热情友好之意。表情包括眼神和微笑。在服务过程中，服务人员还要注意把握好自己的笑容,在服务人员迎送旅客或为旅客直接服务时,适度的微笑是得体的、被乐于接受的。同时,服务人员在为旅客提供服务时,一定要对自己的举止有所克制,切不可随意散漫、无所顾忌。

小贴士 ▼

五种被严格禁止的眼神

一是盯着旅客,似乎担心旅客进行偷盗。

二是打量旅客,似乎对旅客分外好奇。

三是斜视旅客,似乎对旅客挑剔不止或看不起旅客。

四是窥视旅客,似乎是少见多怪等。

五是扫视旅客,即在旅客的某些部位反复注视,极容易引起旅客,特别是异性旅客的反感。

三种被严格禁止的举止

一是不卫生的举止。如当着旅客的面,对自身进行诸如挖鼻孔、掏耳朵等卫生清理,或者随意用自己的手及其他不洁之物接触旅客所用之物。

二是不文明的举止。服务人员的某些不文明的举止,如当众脱鞋、更衣、提裤子等,难免会对旅客有所影响。

三是不敬人的举止。对旅客指指点点,甚至拍打、触摸、拉扯对方,不仅会对旅客形成一定程度的干扰,还会令旅客心怀不满,甚至引发矛盾。

思考与练习

1.影响人际关系的因素有哪些?

2.怎样处理好与旅客的人际关系?

3.如何提高客我交往技能与技巧?

4.测一测:你的人际关系如何呢?

人际关系测量表

1.人际关系中,我的信条是_____

A.大多数人是友善的,可与之为友

B.人群中有一半是狡诈的,一半是善良的,我选择善良者为友

C.大多数人是狡诈、虚伪的,不可与之为友

2.近来我新交了一群朋友,这是_____

A.因为我需要他们

B.因为他们喜欢我

C.因为我发现他们很有意思,令人感兴趣

3.出外旅游时,我总是_____

A.很容易交上新朋友

B.喜欢一个人独处

C.想交朋友,但又感到困难

4.已经约定好要去看望一位朋友,但因为太累而失约了。在这种情况下,我感到_____

A.这是无所谓的,对方肯定会原谅我

B.有些不安,但又总是在自我安慰

C.我很想了解对方是否对自己有不满的情绪

5.我结交朋友的时间通常是_____

A.数年之久

B.不一定,合得来的朋友能长久相处

C.时间不长,经常更换

6.一位朋友告诉我一件很有趣的个人私事,我是_____

A.尽量为其保密

B.根本没有考虑过要继续扩大宣传此事

C.当朋友一离去,随即与他人议论此事

7.当我遇到困难时,我_____

A.通常是靠朋友解决的

B.找自己可信赖的朋友商量此事

C.不到万不得已绝不求人

8.当朋友遇到困难时,我觉得_____

A.他们大多数喜欢来找我帮忙

B.只有那些与我关系密切的朋友才来找我商量

C.一般都不愿来麻烦我

9.我交朋友的一般途径是_____

A.经过熟人的介绍

B.在各种社交活动

C.必须经过相当长的时间,而且还相当困难

10.我认为选择朋友的最重要的品质是_____

A.具有能吸引我的才华

B.可以信赖

C.对方对我感兴趣

11.我给人们的印象是_____

A.经常会引人发笑

B.经常会启发人们去思考

C.和我相处时人会感到舒服

12.在晚会上,如果有人提议让我唱歌或表演时,我会_____

A.婉言谢绝

B.欣然接受

C.直截了当地拒绝

13.对于朋友的优缺点,我喜欢_____

A.诚心诚意地当面赞扬他的优点

B.会诚实地对他提出批评意见

C.既不奉承也不批评

14.我所结交的朋友_____

A.只能是那些与我的利益密切相关的人

B.通常能和任何人相处

C.有时愿与同自己相投的人和睦相处

15.如果朋友们和我开玩笑(恶作剧),我总是_____

A.和大家一起笑

B.很生气并有所表示

C.有时高兴,有时生气,依自己当时的情绪和情况而定

16.别人依赖我的时候,我是这样想的_____

A.我不在乎,但我自己却喜欢独立于朋友之中

B.这很好,我喜欢别人依赖我

C.要小心点,我愿意对一切事物的稳妥、可靠持冷静、清醒的态度

计分方法

题号	A	B	C	题号	A	B	C
1	3	2	1	9	2	3	1
2	1	2	1	10	3	2	1
3	3	2	1	11	2	1	3
4	1	3	2	12	2	3	1
5	3	2	1	13	3	1	2
6	2	3	1	14	3	1	2
7	3	2	1	15	3	1	2
8	3	2	1	16	2	3	1

评价:将评分相加,然后进行以下评价。

38~48分,人际很融洽,受人欢迎。

28~37分,人际不稳定,相当多的人不喜欢你,如想受爱戴,需做很大努力。

16~27分,人际不融洽,交往圈子太小,有必要扩大你交往的范围。

第八章

民航服务中的沟通

学习目标

1. 了解沟通的含义、方式、作用。

2. 懂得民航服务中沟通的策略与技巧。

3. 学会应对民航服务中常见的沟通障碍。

案例导入

在某航班上,空姐为旅客提供正餐服务时,由于机上的正餐有两种热食供旅客选择,供应到某位旅客时他所要的餐食品种刚好没有了,空姐热心地到头等舱找了一份餐,送到这位旅客面前,说:"真对不起,刚好头等舱多余了一份餐,我就给您送来了。"旅客一听,非常不高兴地说:"头等舱吃不了的给我吃?我也不吃。"由于不会说话,空姐的好心没有得到旅客的感谢,反而惹得旅客不高兴。

如果空姐这样说:"真对不起,您要的餐食刚好没有了,但请您放心我会尽量帮助您解决。"这时,可到头等舱看看是否有多余的餐食能供旅客选用。拿到餐食后,再送到旅客面前时,可这样说:"您看我将头等舱的餐食提供给您,希望您能喜欢,欢迎您再次乘坐我们航空公司的飞机,我一定首先请您选择我们的餐食品种,我将非常乐意为您服务。"同样的一份餐食,但不同的一句话,却会带来多么不同的结果。

民航服务中的沟通就是一种特殊的人际沟通。沟通是一门艺术,是一名优秀民航服务人员不可或缺的能力。如上述案例中民航服务人员一句"刚好头等舱多余了一份餐,我就给您送来了"。虽然其所想表达的是对民航旅客的热情,但由于语言表达不当,不仅没有得到旅客的感谢,反而引起了旅客的不满,觉得自己是吃了别人剩下的饭菜了。如果民航服务人员有良好的沟通能力,灵活地运用沟通技巧,就能提高服务艺术,以达到让民航旅客满意、使民航服务工作更加顺利的效果。

第一节
架起心灵的桥梁

一、什么是沟通

(一)沟通的含义

所谓沟通,是人与人之间使用语言媒介传递信息、交流思想感情,并产生相应行为的一种社会活动。它包括人与人之间的交流和人类凭借大众媒介如报纸、电视等进行的交流。民航服务中的沟通就是指在民航服务中,民航服务人员与旅客交流信息和情感的活动。

沟通的目的有三个方面:放大正面心情;发泄负面情绪;采用某些建议以产生良好的结果。

(二)沟通的特点

1.沟通双方均为主体

在人际沟通中,沟通的双方都是积极的主体,都具有一定的目的、意图、定势。沟通的双方都各自具有自己的目的与动机,同时也都关注着对方的目的、动机和有关的各种重要情况。沟通的双方都是以积极主动的状态参加交流,在交流中谋求共同的意义。在民航服务中,沟通的双方分别是民航服务人员和旅客。民航服务人员在沟通中希望得到旅客的理解,努力为旅客提供优质服务,而旅客也希望得到民航服务人员的关注,获得优质服务。

2.沟通的媒介是语言

语言是人们用来表达思想、交流感情的交际工具。在民航服务中,语言是每一个民航服务人员完成任务不可缺少的工具。民航服务人员以语言表达方式为主要服务内容,因此语言表达关系着服务质量、服务水平。这里的语言既包括沟通主体说的话,也包括副语言及体态语言。体态语言常常会反映出一个人内心的真实态度,因此,不仅要在说话上,而且要在肢体动作上主动让别人感受到真诚和友善。

3.沟通必定是双方的联系与互相影响

在人际沟通中,双方必然会因信息交流而产生联系,并且会因沟通中传递的信息内容和态度而相互影响,制约和调整双方的心理及行为。通过沟通,一方可能与另一方就某一问题达成协议,或者使某一方改变原来的主张或态度,或者使一方屈从于另一方。双方的关系既可能由于沟通而更加紧密,也可能因此而疏远或中断。

4.沟通过程中,可能会产生沟通障碍

沟通主体双方可能会因社会、心理或文化因素而造成沟通障碍。其中,由社会因素造成的沟通障碍,主要是因为交流双方对交往情境缺乏统一的理解;由心理因素所造成的沟通障碍,主要是由个体心理特征差异决定的;而由文化因素所造成的沟通障碍,往往是因为交流双方的文化特征,如风俗习惯、宗教信仰、民族观念等的不统一而引起的。在民航服务中,民航服务人员与旅客之间也会因社会、心理或文化因素而产生沟通障碍。

二、沟通的作用

沟通是人际交往的基本形式。通过沟通,人们可以了解社会行为规范,了解各种不同社会角色的行为标准,以便在各种社会活动中与其他社会成员在行为上保持和谐一致。通过交往增加对别人的了解,有利于与他人建立和发展和谐友好的关系。心理学家认为,一个人除了睡眠的8小时之外,其余时间70%要花在人际间的各种直接或间接的沟通上。一般的沟通

图8-1

中,9%以书面写作形式进行,16%以阅读形式进行,其余75%则分别以听取别人或自己说话的交谈方式沟通。当然,这种时间的分配不是绝对的,而是因人因情境而异的。

在民航服务过程中,民航服务人员如果能与旅客进行很好的沟通,不仅能提供给旅客最适需的服务、化解不必要的冲突和矛盾,还能满足旅客人际交往的需求。具体来讲,主要表现在以下几个方面。

(一)沟通有利于民航服务人员为旅客提供良好的服务

信息的沟通,可以让民航服务人员了解旅客的需要和困难,使民航服务人员有机会帮助他们,从而让自己的能力水平得到旅客的认同,并且在实际锻炼中使自己的知识更加广博,服务能力得到进一步的提高。

(二)沟通有利于改善民航服务人员与旅客的关系

沟通的基本功能是改善交往双方的关系。首先,沟通可以防止误会。在民航服务过程中,由于性格、文化程度、宗教信仰等主观原因和时间、地点、环境等客观原因,

民航服务人员与旅客之间很容易发生误会，一个误会又可能引发一连串的误会，甚至几种误会同时发生。如果这些误会处理不当，就会给服务工作带来不利影响，还可能会造成无法弥补的损失。防止误会的最好途径，就是与民航旅客进行顺畅的沟通。其次，沟通可以化解矛盾。民航服务人员面对形形色色的旅客，矛盾的产生是在所难免的。而要让矛盾得到解决，前提是不要激化矛盾，这就常常需要以双方的让步为前提。而要使双方都认可让步，沟通就具有举足轻重的作用。通过沟通，双方才能了解、理解对方的立场和处境，才会缓和自己的情绪，缓和紧张的气氛，在沟通中找到双方都能接受的东西，最终化解矛盾。

读一读

▶当航班延误时

　　1月2日，我从南京乘坐国航17时30分的CA1562航班返回北京。当天国航14时55分的CA1538航班被取消，乘客被合并到CA1562航班(机上座位满员)。由于南京机场未作解释，部分乘客意见很大，抱怨时间的变故影响了自己原定的安排，火气大，说话较急躁。一些乘客还把意见转移到了个别乘务员的服务质量上。说话声音很大，客舱里显得有些混乱。

　　此时，乘务长闻声而至，俯身婉转地劝慰乘客。她没有强调客观原因，而用谦恭的语气批评自己做得不够，一定还要多做努力，以保证能高质量地为乘客服务。她诚挚地代表国航向因航班取消而受到影响的乘客表示歉意……

　　这位乘务长极具亲和力的语言、真诚的态度得到了多数乘客的理解和认同，乘客们向她投以赞许的目光。客舱里很快恢复了平静。

　　这位乘务长对自己的位置、自己的角色定位把握得非常好，说话恰到好处，关键时刻，沟通促进了问题的妥善解决。

乘客××

(三)沟通可以促进民航服务人员与旅客之间的友谊

　　民航服务人员与旅客的良好沟通，能够使民航服务人员和旅客都体验到被尊重、被理解的感觉，从而满足人与人之间相互交往与友谊的需要，产生亲密感，双方的关系也会因此得到改善和调节，增进彼此的友谊。

小贴士 ▼

良好沟通的益处

1.能获得更多更佳的合作。

2.能减少误解。

3.能使人更乐于作答。

4.能使人觉得自己的话值得聆听。

5.能使自己办事更加井井有条。

6.能使自己拥有进行清晰思考的能力。

7.能使自己感觉能够把握所做的事。

三、沟通的方式

成功与否,与其说在于交流沟通的内容,不如说在于交流沟通的方式。要成为一名成功的交流者,取决于交流的对方认为你所解释的信息是否可靠而且适合。

在人际交往中,沟通的方式主要有以下几种。

(一)单向沟通与双向沟通

所谓单向沟通,是指沟通的全过程,自始至终由信息发送者向接收者传递信息。双向沟通,则是指沟通双方相互传递信息,双方既是信息的发送者同时又是信息的接收者。在民航服务过程中,民航服务人员与旅客之间的沟通因为要使信息准确传递,所以多采用双向沟通。

(二)口头沟通、书面沟通与混合沟通

口头沟通,是指会谈、讨论、演讲、口头通知及电话联系等语言化的沟通。书面沟通,则是指以书面通知、报刊、书面报告等文字形式的沟通。混合沟通,是指口头沟通与书面沟通相结合的沟通形式。口头沟通比较灵活、迅速,双方可自由交换意见,而且还可以互相传递情感。在民航服务中,民航服务人员与旅客主要采取的是口头沟通。口头沟通必须要求口齿清楚、言语简洁,抓住中心,否则会影响沟通效果。

(三)有意沟通与无意沟通

有一定目的的沟通叫做有意沟通。有意沟通时,沟通者对自己沟通的目的都会有所意识,例如,谈话、打电话、写信,甚至闲聊,都是有意沟通。

虽然事实上在与别人进行着信息交流,但我们并没有意识到沟通发生的沟通,叫无意沟通。心理学家认为,事实上,出现在我们感觉范围中的任何一个人,都会与我们存

在某种信息交流。例如,在民航服务中,看到旅客说话语速慢,你也会自觉地跟着其语速缓慢下来。同样的情况也会发生在对方身上。这说明,服务人员与旅客之间已经有了信息沟通。

(四)语言沟通和非语言沟通

所谓语言沟通,是指以语言符号实现的沟通。它是沟通可能性最大的一种沟通。在人类的一切经验当中,共同性最大的就是语言。因此,语言沟通是最准确、最有效的沟通方式,也是运用最广泛的一种沟通。

所谓非语言沟通,是指借助于非语言符号,如姿势、动作、表情、接触以及非语言的声音和空间距离等实现的沟通。非语言沟通的实现有三种方式。第一种,是指通过动态、无声的目光、表情动作、

图8-2

手势语言和身体运动等实现沟通。第二种,是指通过静态无声的身体姿势、空间距离及衣着打扮等实现沟通。这两种非语言沟通统称身体语言沟通。第三种,是指通过非语言的声音,如重音、声调的变化等来实现的沟通。这种非语言的声音信号被心理学家称为副语言。副语言在沟通过程中起着十分重要的作用。一句话的含义常常不是决定于其字面的意义,而是决定于它的弦外之音。一句"真不错",当音调较低,语气肯定时,表示的是由衷的赞赏;而当音调升高、语气抑扬时,则变成了刻薄的讥讽和幸灾乐祸。

在民航服务中,民航服务人员与旅客之间的语言沟通和非语言沟通都有着重要的作用,民航服务人员应该恰如其分地运用这两种沟通方式。

第二节
民航服务中的沟通策略与技巧

　　交流沟通是人类行为的基础。沟通是人们获取信息并在其指导下更加出色地进行工作必经的核心过程。但是,我们交流沟通是否能准确传达出我们的愿望、或对某事是否赞同的态度,就需要讲究沟通的策略和技巧。作为一名民航服务人员,要顺利完成服务工作,并为旅客提供优质服务,在与旅客交流、沟通时,就不仅要把自己的思想整理得井然有序,将其进行适当的表述,使旅客一听就懂,而且还要深入人心。

一、民航服务的沟通策略

(一)倾听

　　心理学家认为,在沟通过程中,80%应该是倾听,其余20%是说话。所以最佳的方法是不断地让对方发言,越保持倾听越握有控制权。而在20%的说话中,问问题又占了80%,以问问题而言,越简单明确越好,答案非是即否,并以友好的态度和缓和的语调表达,那么一般人的接受程度都极高。在民航服务过程中,民航服务人员要耐心地倾听旅客说话,并且在倾听时

图8-3

要避免以下现象:轻易打断旅客说话;一味发出认同旅客的"嗯……"、"是……"之类的声音。应该不打断他的话,等到他停止发言时,再发表自己的意见。

(二)沟通中不要指出对方的错误

　　若你沟通的目的是不断证明别人的错处,则不可能实现良好的沟通。在现实中,我们经常会看到这样一种人:自认为自己什么都是对的,且不断地去证明,但却十分不得人缘。因此,民航服务人员不妨让与自己沟通的旅客不失立场,同时也可以让他以另一种角度来衡量事情,由他自己决定什么是好什么是坏。因为凡事无所谓对错,只是适不适合自己而已,沟通的道理亦同。

(三)表达不同意见时,用"很赞同……同时……"的模式

民航服务人员在与旅客沟通时,如果并不赞同对方的想法,那么还是要仔细倾听他话中的真正意思。若要表达不同的意见,不应该说:"你这样说是没错,但我认为……"而应该说:"我很感激你的意见,我觉得这样非常好;同时,我有另一种看法,我们来一起研究一下,到底什么方法对彼此都好……"、"我赞同你的观点,同时……",也不用"可是,但是……"的句式,因为这样的句式很可能会中断沟通的桥梁。优秀的沟通者都有方法能"进入别人的频道",让别人喜欢他,从而博得信任,表达的意见也易被对方采纳。

(四)妥善运用沟通三大要素

人与人面对面沟通的三大要素是文字、声音及肢体语言。经过行为科学家60年来的研究,面对面沟通时,三大要素影响力的比率是文字7%,声音38%,肢体语言55%。一般人常强调说话的内容,却忽略了声音和肢体语言的重要性。其实,沟通便是要达到一致性以及"进入别人的频道",即你的声音和肢体语言要让对方感觉到你所讲和所想十分一致,否则,对方将无法接收到正确信息。因此,民航服务人员在与旅客沟通时应不断练习文字、声音、肢体语言的一致性。

二、有效沟通的行为法则

沟通要讲究方法和艺术,要给对方台阶下。例如,对一位高声吵闹的民航旅客礼貌地说:"您先喝口水消消气。"然后以足够的耐心让民航旅客把话讲完,本着大事化小,小事化了的原则提出解决问题的办法。在解决问题时不要与旅客争执,应该借助沟通的艺术,化解不同的见解与意见。以下提供了几个有效沟通的行为法则。

图8-4

(一)自信的态度

一般事业有成的人士,他们不随波逐流或唯唯诺诺,有自己的想法与作风,但却很少对别人吼叫、谩骂,甚至连争辩都极为罕见。他们对自己的了解相当清楚,并且非常肯定自己。他们的共同点是自信,有自信的人常常是最会沟通的人。

(二)热情的态度

对每一位旅客都要一视同仁,面对旅客应主动问候、主动沟通,这是和旅客建立良好沟通的开始。而热情的微笑,起着润滑剂的作用,它能使紧张的关系变得轻松,面对真诚的笑脸时,沉重的心可以得到抚慰,浮躁的心可以暂时获得宁静,愤怒的心能得到

舒缓。热情就是要把旅客看做亲人,以亲人般的情怀去体察不同旅客的心。

(三)体谅

这其中包含"体谅对方"与"表达自我"两个方面。所谓体谅是指设身处地为别人着想,并且体会对方的感受与需要。当我们想对他人表示体谅与关心,唯有我们设身处地为对方着想,才能真正达到此目的。由于我们的了解与尊重,对方也相应地体谅我们的立场与好意,因而会作出积极而合适的回应。

民航服务人员会接触到各种类型的旅客,有的文雅礼貌、举止文明;有的粗暴野蛮、行为古怪。我们应尽量去体谅旅客,多一分宽容和耐心,就会与旅客形成轻松、和谐的人际关系。

(四)适当地提示对方

产生矛盾与误会的原因,如果是出自于对方的健忘,我们的提示正可使对方信守承诺;反之若是对方有意食言,提示就代表我们并未忘记此事,并且希望对方信守诺言。

(五)有效地直接告诉对方

一位知名的谈判专家分享他成功的谈判经验时说道:"我在各个国际商谈场合中,时常会以'我觉得'(说出自己的感受)、'我希望'(说出自己的要求或期望)为开端,结果常会令人极为满意。"其实,这种行为就是直言不讳地告诉对方我们的要求与感受,若能有效地直接告诉对方我们所想要表达的内容,将会有效帮助我们建立良好的人际网络。但要切记"三不谈":时间不恰当不谈;气氛不恰当不谈;对象不恰当不谈。

(六)善用询问与倾听

询问与倾听的行为,是用来控制自己,让自己不要为了维护权利而侵犯他人。尤其是在对方行为退缩,默不作声或欲言又止的时候,可用询问行为引出对方真正的想法,了解对方的立场以及对方的需要、愿望、意见与感受,并且运用积极倾听的方式,来诱导对方发表意见,进而对自己产生好感。一位优秀的沟通者,绝对善于询问以及积极倾听他人的意见与感受。一个人的成功,20%靠专业知识,40%靠人际关系,另外40%需要靠观察力的帮助。因此,为了提升我们个人的竞争力,获得成功,就必须不断地运用有效的沟通方式和技巧与人接触沟通,只有这样,才有可能使我们事业成功。

民航服务人员在想为旅客提供更好的服务之前,要了解旅客的需求。而善于询问和倾听是了解旅客真实想法的最佳途径。

图8-5

> **小贴士 ▼**
>
> ### 不伤感情而改变他人的九大技巧
>
> 1. 从称赞及真诚的欣赏着手。
>
> 2. 间接地提醒别人注意他的错误。
>
> 3. 在批评对方之前,先谈论你自己的错误。
>
> 4. 建议对方,而不是直接下命令。
>
> 5. 使对方保住面子。
>
> 6. 称赞最微小的进步,并称赞每一次进步。
>
> 7. 给人一个好名声,让他为此而努力奋斗。
>
> 8. 多用鼓励,使别人的错误更容易改正。
>
> 9. 使对方乐于做你所建议的事。

三、民航服务中的语言沟通艺术

作为一名民航服务人员,语言艺术在服务工作中是基础性的,也是最重要的。语言得体、谈吐文雅、满面春风,能使旅客"闻言三分暖",见面总觉得格外亲。要做好服务工作,就要学好服务语言,掌握语言艺术,用礼貌、幽默的语言与旅客交谈,并用含蓄、委婉、使人不会受到刺激的话代替禁忌的语言。

(一)服务语言的艺术化

服务语言是服务人员素质和服务艺术的最直接体现,语言表达是民航服务人员的基本技能。在民航服务中,服务语言艺术的运用如何,会给服务工作带来不同的结果。一句动听、富有艺术性的语言,会给航空公司带来很多回头客,而一句让民航旅客不满意的语言,很可能就会从此失去一位或多位民航旅客。

服务语言是民航旅客对服务质量评价的重要标志,在服务过程中,语言适当、得体、清晰、纯正、悦耳,会使民航旅客有柔和、愉快、亲切之感,对服务工

图8-6

作产生良好的反应;反之,服务语言"不中听",生硬、唐突、刺耳,民航旅客会难以接受。强烈的语言刺激,还会引起民航旅客的不满与投诉,严重影响航空公司的信誉。

民航服务语言与讲课、演讲以及人与人交往中一般的礼貌用语是有很大差别的。民航服务语言要在服务用语标准化的基础上,通过措辞、速度、语调、表情,使语言表

达得准确清晰,语言充满挚情善意,富有感染力和说服力,显示出服务人员的知识素养和文明服务水平,从而使旅客感到轻松自如。

小贴士 ▼

艺术性的礼貌服务用语要求

1.语调要柔和、清晰、准确、纯正、悦耳。

2.语言要言简意赅。

3.语言要与表情相一致。

4.语言要与动作相一致,人若满腔热情,说话时便会不由自主地加上动作,做动作时也会自然而然地伴随着语言。

服务人员在为旅客服务时,应尽量在自己说话时配以适当的表情和动作,并保持一致性;以饱满的热情,拿出最佳状态,使服务取得最好的效果。

(二)常用艺术性服务语言

1.称谓语

例如,小姐、先生、夫人、太太、女士、大姐、阿姨、同志、师傅、老师、大哥等。这类语言的处理,要求恰如其分;清楚、亲切;拿不准的情况下,对一般男士称先生,女士称小姐;灵活变通。

2.问候语

例如,先生,您好!先生,早上好!先生,中午好!先生,晚上好!先生,圣诞好!先生,新年好!这类语言的处理,要求注意时空感,避免让人听起来感到单调、乏味。例如,圣诞节时如果向客人说一声"先生,圣诞好!"就强化了节日的气氛。此外,问候还应该把握好时机。

3.征询语

征询语确切地说就是征求意见或询问时的用语。例如,"先生,您有什么吩咐吗?"征询语常常也是服务的一个重要程序,征询语运用不当,会使旅客不愉快。

使用这类语言时要注意以下几点:一要注意旅客的形体语言。例如,当旅客东张西望的时候,从座位上站起来的时候,或招手的时候,都是在用自己的形体语言表示他有想法或者有要求了。这时服务人员应该立即走过去说:"小姐,请问我能帮助你做点什么?"、"先生,您有什么吩咐吗?"二要用协商的口吻。经常将"这样可不可以?"、"您还满意吗？"之类的征询语加在句末，显得更加谦恭，服务工作也更容易得到旅客的支持。应该把征询当做服务的一个程序，先征询意见，得到旅客同意后再行动，不要自作主张。

4.拒绝语

例如，"您好，您的想法我们理解，但恐怕这样会违反规定，给旅客安全带来影响，谢谢您的合作。"拒绝语使用时要注意：一般应该先肯定，后否定；语气委婉，不要简单拒绝。

5.指示语

例如，"先生，请一直往前走！"、"先生，请随我来！"使用这类语言时，一要避免命令式。命令式的语言，会让旅客感到很尴尬，很不高兴，甚至会与服务人员吵起来。如果你这样说："先生您有什么事让我来帮您，您在座位上稍坐，我马上就来好吗？"可能效果就会好得多。二要配合手势。有的服务人员在遇到旅客询问地址时，仅用简单的语言指示，甚至挥挥手、嘟嘟嘴，这是很不礼貌的。正确的做法是运用明确和客气的指示语，并辅以远端手势、近端手势或者下端手势。在可能的情况下，还要主动地走在前面给旅客带路。

6.答谢语

例如，"谢谢您的好意！"、"谢谢您的合作！"、"谢谢您的夸奖！"、"谢谢您的帮助！"一般在旅客表扬、帮忙或者提意见的时候，都要使用答谢语。哪怕民航旅客有的意见不一定提得对也不要去争辩，而是都要表示感谢："好的，谢谢您的好意！"或者"谢谢您的提醒！"客人有时高兴了夸奖服务人员几句，也不能心安理得，无动于衷，而应该马上用答谢语给予回报。

7.提醒道歉语

例如，"对不起，打搅一下！"、"对不起，让您久等了！"、"请原谅，这是我的错。"、"对不起，机组没有医生，这就为您广播找医生。"

提醒道歉语是服务语言的重要组成部分，使用得好，会使旅客随时都感受到尊重，并留下良好的印象。同时，提醒道歉语又是一个必要的服务程序，缺少了这一个程序，往往会使服务出现问题。

禁止使用的服务用语

嘿!

老头儿

大兵

土老帽儿

你想干什么?

没办法!

我解决不了,爱找谁找谁。

这是其他部门的事,与我们无关。

越忙越添乱。

四、民航服务中身体语言的沟通

图8-7

身体语言沟通,是人们进行信息沟通的一种主要形式。它所提供的信息,对沟通过程和沟通结果产生深刻的影响。身体语言沟通作为非语言沟通,在民航服务人员与旅客的沟通中发挥着重要的作用。

(一)目光接触

眼睛在非语言沟通中运用很广泛,它在非语言行为中自成一体。"眼睛是心灵的窗户"、"眉目传情"等语言,说明了目光接触在人们进行情感交流中的重要地位和作用。

在沟通中,目光接触是一种极为重要的手段,它可以作为一种认识手段,例如,直接的目光接触表明你对说话者十分感兴趣;它可以控制、调整沟通者之间的互动;它可以用来表达人的感情。例如,从一个人的眼神中可以看出他在沟通情境中的兴奋和卷入程度;它也可以用来作为提示、告诫以及监视的手段,人们交谈的时候往往通过目光接触来了解自己的话语对他人的影响如何,也同样以凝视他人来表示自己正在认真倾听。民航服务人员在与旅客沟通的过程中,应该注意,双方目光接触连续累积应达到全部时间的50%以上。从目光接触的部位上看,注视的应该是倒三角部位、两眼以下至嘴,这才自然而不失礼貌。目光接触时还应该注意自己的态度要真诚、热情。

▶眼神里的心理学

眼神是心灵之窗,心灵是眼神之源。在眼球后方感光灵敏的视网膜含有1.37亿个细胞,将接收到的信息传送至脑部。这些感光细胞,在任何时间均可同时处理150万个信息。这就说明,即使是一瞬即逝的眼神,也能发射出千万个信息,表达丰富的情感和意向,泄露心底深处的秘密。所以,眼球的转动,眼皮的张合,视线的转移速度和方向,眼与头部动作的配合,所产生的奇妙复杂的眉目语,都在传递着信息,进行着交流。

现代研究发现:眼睛是大脑在眼眶里的延伸,眼球底部有三级神经元,就像大脑皮质细胞一样,具有分析、综合能力,而瞳孔的变化、眼球的活动等,又直接受脑神经的支配,所以人的感情自然就能从眼睛中反映出来。瞳孔的变化是人不能自主控制的,瞳孔的放大和收缩,真实地反映着复杂多变的心理活动。若一个人感到愉悦、喜爱、兴奋时,他的瞳孔就会比平常大四倍;相反,遇到生气、讨厌、消极的心情时,他的瞳孔会收缩得很小;瞳孔不起变化,表示他对所看到的物体漠不关心或者感到无聊。

事实上,通过眼神来传情达意,是一种普遍的心理现象。

眼神传递的心理,在两性关系上尤为突出。古时候,当两性相爱时,曾有"心许目成"、"暗送秋波"之词,来表达他们的情花爱果。当今,使用的词语更丰富,如"眉来眼去"、"含情脉脉"、"眉目传情"、"一见钟情"等。因此,眼神虽不是有声语言,却恰似有千言万语的随心传播。任何青年恋人,必然闪烁着美秀而深邃的目光,从中相互窥探会意对方内心深处的奥秘。正如古罗马诗人奥维特所说:"沉默的眼光中,常有声音和话语。"

(二)手势

在人类非语言沟通中,手势起着非常重要的作用。它有时可以代替说话;有时可以用来强调某一问题,或通过这种非语言的方式描述语言;有时还可以给说话者提供缓解紧张的机会,也就是说手势象征着说话者的情绪状态。例如,当两个国籍不同、语言相异的人沟通时,往往会借助手势表达自己的意思。

▶ 手势 "V" 的来历

小故事

第二次世界大战中,英国首相丘吉尔发明了手势"V",成了世界上广为运用的代表胜利的手势语("V,Victory"意为"胜利"的头一个字母,竖起中指与食指并展开,就成了"V"字)。

图8-8

(三) 体态

体态指的是运动性体态。一个人的体态动作往往反映着这个人对他人所持的态度。例如,在交谈中,一方有打呵欠、看手表等动作,就意味着这人有一定程度的厌烦情绪。见面时,一方伸手,另一方紧随,适度相握,表示友好和诚意;如果一方伸手,而另一方动作缓慢,且稍稍一碰就收回,则表示消极和冷淡。民航服务人员和某位旅客站在一起时,别忘了注意一下他双脚所指的方向。因为当人们觉得谈话已经结束,脚尖就会不自觉地指向他们要离去的方向。如果两人意见不一致,他们便会不经意地转过身去,表示不悦。

(四)面部表情

这是最常用的也最为有效的沟通区域。人的面部数十块肌肉,可以做出上百种不同的表情,能准确地传达出各种不同的内心情感状态。表情可以有效地表现肯定与否定、接纳与拒绝、积极与消极、强烈与轻微等各种情感。人们可以通过表情来显示各种情感,也可以运用表情来表达对别人的兴趣;还可以通过表情来显示对一件事情的理解状态,也可以通过表情表达自己的明确判断。在民航服务中,民航服务人员要善于观察、判断旅客的面部表情,了解旅客的情绪反应,为民航旅客提供满意的服务。

图8-9

(五)服饰

曾经,衣着服饰能够反映人们的政治、经济地位,但随着社会的进步和经济的发展,服饰的这一作用已逐渐退化了。现在,服饰主要体现人们的职业、个性和即时活动的内容等。利用现代服饰的这一功能,在民航服务过程中,民航服务人员可以通过服饰了解对方的职业和个性以及即时心情,作为选择沟通方式的重要依据,以促进沟通的顺利进行。

(六)空间距离

这是身体语言沟通的另一个比较重要的方面。人际沟通时,需要保持一定的距离,这个距离因双方的关系、当时的心情、交往双方的个性等远近不一。但每一个人都需要一个个体空间,如果这个个体空间受到侵犯,就会让他人感到明显的焦虑和不安。

相关
链接

▶人际交往的最佳距离

与人交往的空间距离是多少呢?这首先要看你与谁交往。美国学者霍尔研究发现,46厘米至61厘米属私人空间,女友可以安然地待在男友的私人空间内。若其他女人处在这一空间内,她就会显得不高兴,甚至会大发雷霆。同样,男友也可以自由自在地待在女友的私人空间内。若其他男人进入这空间时间稍长,他肯定会吃醋。当私人空间延长到76厘米至122厘米,讨论个人问题是恰当不过了。你若是与情人约会,可千万不能超过46厘米,否则对方会觉得你疏远了他(她),对他或她没有热情,可能引起情人间的误解。到办公室找领导办事,最佳的空间距离为122厘米至213厘米。小于该距离,领导会误认为你强人所难;大于这个距离,领导会误认为你不是真心实意想办事。领导人的办公桌较为宽大,就告诉了你这一空间信息。

若你想从非亲密朋友那里获得某种信息,有效的空间距离为213厘米至366厘米。小于这一空间会给人以盛气凌人的印象;大于这一空间会使别人觉得你没礼貌,你也就不可能获得真实的信息。这个空间距离也是与普通朋友交谈的适当距离,如果距离过小他人就会认为你俩在密谋不可告人的勾当;距离过大你们都会觉得话不投机半句多。366厘米以上的距

图8-10

离,是演讲者与听众或两人不愉快谈话的有效空间。

有趣的是与不同文化背景的人交往,要处理不同的人际空间。若与美国人交谈,必须保持在60厘米左右的空间距离,这是他们认为最有分寸最友好的空间;若与一名阿拉伯人谈话,就要小于这个距离,否则就会出现你往后退他往前追的

滑稽场面。因为,前者生活在非接触性文化环境中,而后者则生活在接触性文化环境中。

心理学家研究表明,人们离他喜欢的人比离他讨厌的人更近些,要好的人比一般熟人靠得更近些。同样亲密关系情况下,性格内向的人比性格外向的人保持较远些的距离;异性谈话比同性相距远一点,两个女人谈话总比两个男人谈话挨得更近些。

合理运用你和他人的空间,会使你收到意想不到的交际效果。

(七)辅助语言和类语言

在人们的沟通过程中,辅助语言和类语言起着十分重要的作用。辅助语言,包括声音的音调、音量、节奏、变音转调、停顿、沉默等。而类语言,则是指那些有发声而无固定意义的声音,如呻吟、叹息等。在人们的沟通中,一个人怎么说,往往比他们说些什么更为重要。我们往往能够单凭声调就能准确地判断说话者的性别、年龄、精力、热情程度以及来自哪一地区,甚至还能据此判断一个人的社会地位、情绪状态等。在民航服务过程中,民航服务人员要努力做到准确识别旅客的辅助语言和类语言,并运用好辅助语言和类语言以提高自己的沟通能力,提高服务水平。

小贴士 ▼

交际高手的谈话艺术

1.应善于运用礼貌语言。

2.不要忘记谈话目的。

3.要耐心地倾听谈话,并表示出兴趣。

4.应善于回应对方的感受。

5.应善于使自己等同于对方。

6.应善于观察对方的气质和性格。

7.应善于观察对方的眼睛。

8.应力戒先入为主。

9.要消除对方的迎合心理。

10.要善于选择谈话机会。

相关链接

▶常见的情绪及相对应的身体语言

常见情绪	身体语言
紧张或害怕	睁大眼睛、好动、回避目光接触、手乱动
愤怒或受挫	皱眉、瞪眼、表情严肃、走路很快、来回踱步、握拳
急躁	叹气、点头、走来走去、跺脚
悲伤	哭泣、皱眉、耸肩
不知所措	挠头、皱眉、摆手
撒谎	避免目光接触、以手掩口
怀疑	摇头、睁大眼睛
常见情绪	身体语言
心不在焉	没有目光接触、四下张望
厌倦	叹气、脑袋乱动
窘迫	回避目光接触、咬嘴唇、咬手指、挪动身体、拉扯衣服
幸福或快乐	张嘴、睁大眼睛、张开双手、微笑
兴奋和惊奇	头部后仰、嘴巴微张、眉毛上扬
轻松或舒适	表情愉悦、双肩放松、跷起二郎腿
思考	以手托腮、皱眉
自信	身体挺直、目光接触、抬头、快走、微笑、肩部放松

(资料来源:张澜.民航服务心理与实务.北京:旅游教育出版社,2007.)

第三节
民航服务中常见的沟通障碍与应对

在民航服务过程中,民航服务人员与旅客之间由于语言、文化、个性特征、社会地位等方面的差异,会出现许多沟通问题,引发沟通障碍甚至沟通失败。如何克服这些障碍,提高民航服务水平,为旅客提供优质的服务,是民航服务人员应该思考和努力的。

一、民航服务中常见的沟通障碍

(一)个性差异障碍

个性品质差异较大者是难以沟通的。例如,善于抽象思维的人与善于形象思维的人彼此之间交流信息就可能发生障碍。即使个性品质相似,但若具有下列个性品质:自私自利、虚伪、狡猾、不尊重人、猜疑心重、报复心强、自卑心强、孤独、固执等,也不一定能顺利沟通。民航旅客容易相信热情善良、态度诚恳的服务人员,而不愿轻信那些不尊重人、服务态度冷淡的服务人员。

(二)情绪情感障碍

人与人之间的情感距离远近会直接影响沟通是否顺畅和效果好坏。情感亲近、关系融洽,沟通就容易进行;反之,情感疏远,就容易产生逆反心理,沟通就难以有好的效果,甚至难以进行。一个民航服务人员如果不被旅客所接受,那么他是很难与旅客进行良好沟通的。民航服务人员在与旅客沟通中,要注意掌握好情绪反应的尺度,不要过于热情或反应冷淡;也不要与他人情绪反应方向相反,如人家伤心他却觉得有趣;更不能暴怒,让自己不能控制住情绪而与旅客发生争执和冲突。

(三)角色地位障碍

虽然工作只有分工不同,而没有高低贵贱之分,但在实际生活中,仍有人对服务工作持轻视态度。认为民航服务人员不过是伺候人的工作人员,所以吆五喝六,指手画脚,或者仗着自己有钱有势,不尊重民航服务人员,甚至为难他们。当然,也有的民航服务人员觉得自己是百里挑一选上来的,因而自恃清高,态度高傲,对旅客缺乏热情和耐心,让旅客难以接近。这些都会造成双方交往的障碍。

(四)文化背景障碍

不同的人群有着不同的文化传统习惯和沟通模式,因而不同传统习惯的人们之间就容易产生沟通障碍。同样的语言、同样的手势,不同文化传统下意思会完全不同。例如,在西方,直呼其名表示的是一种亲密、随意与平等,但是在东方国家里则很可能被认为是不尊重。由于语言、文化和礼节的不同,使国际环境中的信息沟通显得更为棘手。如果沟通双方的文化程度相差很大,也容易出现沟通障碍。文化程度低的人可能会听不懂文化程度高的人表达的信息;而文化程度高的人又可能不容易接受文化程度低的人的表达方式,造成彼此难以接受对方而形成沟通障碍。

(五)语言障碍

语言是人与人之间沟通、交流思想的主

图8-11

要工具,是用以表达思想的符号系统。由于人们的语言修养有很大差异,所以,同样一种思想,有的人能表达得很清楚,有的人则不能表达清楚。如果民航服务人员不能清楚、准确地传达相关信息,让旅客感到不知所云,或者理解错误,就会影响沟通效果。在语言的理解上,有的人理解能力强,就能很好地把握住别人话语的意义,而有的人却容易对别人的话语产生误解和曲解。

在语言种类的使用方面,国内航线都要求使用标准的普通话,全国也推广普通话,目的就是减少地方语言交流的障碍。而调查表明,在我国主要的国际航线中,有43%左右的国际民航旅客希望服务人员用英语沟通。随着全球范围内国际之间经济、文化、贸易往来互动的频繁,也增加了对其他一些语种的需要。

(六)态度障碍

在人际交往中,态度的不同,也会成为双方沟通的障碍。在民航服务中,如果民航服务人员缺乏正确的服务理念,就会出现冷漠、怠慢等不良的服务态度,从而引起民航旅客的不满。

二、民航服务中常见沟通障碍的应对技巧

(一)了解民航旅客

了解是沟通的前提。民航服务人员在与旅客进行沟通时,不要盲目行事,要在对民航有相当程度的了解之后才能进行。

1.了解民航旅客的个性特点和当前心境

了解了民航旅客的个性,才能确定正确的沟通方式和策略。例如,对脾气急躁的旅客,我们就不能着急,不能火上浇油,而是要以软服硬。了解了民航旅客的心境,才能抓住最有利的沟通时机。当民航旅客心绪不宁时,是无法集中精力考虑问题的;当民航旅客刚刚遭受了挫折,很可能对这时出现在自己面前的人没有好态度。这时,民航服务人员就不要急着与旅客进行沟通,而是要等待他情绪缓和一点时再与之沟通,以免自讨没趣。

2.了解民航旅客所持的观点、意见和态度

沟通的过程也就是寻找双方共同点的过程。这就需要民航服务人员了解和知晓旅客的观点、意见和态度,否则,沟通就不能做到有的放矢,解决问题。同时,因为民航服务人员的目的是为旅客提供满意服务的,所以要从服务对象的意见出发,才能使沟通更加顺利地进行。

3.了解民航旅客的思维方式

如果民航旅客属于冷静沉着型,精于逻辑思维,民航服务人员在与之沟通时就应该条理分明地逐步展开自己的观点;如果民航旅客属于热情有余而沉稳不足型,民航服务人员就应该尽量在很短的时间内抛出自己的主题,以免对方听错或没有耐心听下去;如果民航旅客属于想象丰富型,民航服务人员就要尽量注意自己的每一句话不要让对方派生出许多歧义或引发无谓的想象。

(二)正确使用身体语言

图8-12

前面我们已经了解了身体语言在沟通中的重要性。在民航服务中,民航服务人员与旅客要进行顺利而良好的沟通,就要求民航服务人员提高自己有效使用身体语言的能力。从体态上来看,笔直的站姿,会让民航旅客感觉到服务人员良好的职业素质,若是双肩下垂、脑袋耷拉、脚乱蹭地面,会让民航旅客感觉到你消极的服务态度;从表情上来看,要努力让真诚微笑始终挂在你的脸上。微笑是人际交往的通行证,微笑是一种令人愉快的表情,是一个人乐观自信和沉着冷静的表现。微笑可让民航旅客感觉到友善和亲切,产生好感,乐意与服务人员交往和做朋友,使服务人员获得好人缘。从目光来看,民航服务人员要保持与旅客的目光接触,把表示赞赏和真诚的感情传达给旅客。总之,民航服务人员要以恰当的身体语言把自己积极的、热情的态度传递给旅客,以避免或清除与旅客在沟通中的障碍。

读一读

▶**关于微笑**

卡耐基先生说过:"微笑,它不花费什么,但却创造了许多成果。它丰富了那些接受的人,而又不使给予的人变得贫瘠。它产生在一刹那间,却给人留下永久的记忆。"

确实,微笑不仅在外观上给人以美感,而且这种表情所传递、表达的是可喜的信息和美好的感情。微笑总是给人们带来友好的感情,给人带来欢乐和幸福,带来精神上的满足。微笑可以缩短人与人之间的距离,化解令人尴尬的僵局,沟通彼此的心灵,使人产生一种安全感、亲切感、愉快感。

微笑对于服务业来说至关重要。

美国希尔顿旅馆从1919年到1976年间从一家旅馆扩展到70多家,遍布世界五大洲的各个大都市,成为全球最大规模的旅馆之一。50多年来,希尔顿旅馆生意之好,财富增加得如此之快,其成功的秘诀之一就在于服务人员微笑的影响力。希尔顿旅馆的公司董事长唐纳·希尔顿在50多年里不断地到世界各地的希尔顿旅馆视察业务,他向各级员工问得最多的一句话就是:"你今天对客人微笑了没有?"微笑的魅力就是希尔顿旅馆成功的秘诀之一。

美国一家百货商店的人事经理曾经说过,她宁愿雇用一个没上完小学但却有愉快笑容的女孩子,也不愿雇用一个神情忧郁的哲学博士。

由此可以看出,微笑的重要性是不言而喻的。

(三)熟练掌握语言技巧

民航服务人员在与旅客沟通交流的过程中,要熟练地掌握语言技巧。一方面,要注意遣词造句;另一方面,说话时要注意语音、语气和语调等。一般来讲,温柔的声音给人以温和感,表现的是爱与友善;强硬的语气给人以挤压感,表现的是憎恶和厌烦;声音洪亮、中气十足给人以跳跃感,表现的是喜欢和欣然;粗重的呼

图8-13

吸和声音给人以震动感,表现的是愤怒和威吓等。尤其面对不配合的民航旅客,服务人

员在处理事情时,特别要注意自己说话的语气、语调,不要伤及他们的自尊心,即使民航旅客没有道理,也要用诚意打动他。总之,熟练掌握语言技巧,不仅可以避免很多沟通障碍的产生,也可以化解很多沟通中的误会,使障碍得以消除。

小贴士 ▼

使人赞同你的十二种方法

1.赢得辩论的唯一方法是避免辩论。

2.尊重别人的意见,千万不要指责别人的错误。

3.如果你错了,迅速坦诚地承认。

4.用友善的方法开始。

5.使对方立刻说"是,是"。

6.使对方多多说话。

7.使对方觉得那是他的主意。

8.真诚地从对方的观点来看待事情。

9.同情别人的想法和愿望。

10.激发人们高尚的动机。

11.戏剧化地表现你的想法。

12.提出一项有意义的挑战。

(四)培养"三诚"

沟通中需要三诚,即诚心、诚恳、诚实。现在的沟通倡导"以对方为中心"和"同理心",甚至通过去模仿对方的行为,进而引导对方。其实在现实社会中如果做作,如果用所谓的"沟通技巧",有经验和阅历的人会很容易看穿。要把所谓的沟通技巧与自己融为一体非常困难,有的时候就像穿一件不合身的西服,怎么看怎么别扭。因此自我修炼比技巧更重要,自我修炼就是修炼一种品质,而不是某些技巧,因此要从三个方面来修炼。

1.诚心

有句古话:"诚于内而形于外。"诚心,就是说要有一颗正直、诚实的心。这种诚心,别人是可以从相貌、声音等外在表现感觉到的,无形中可以使得别人更快地接受你,使得沟通更为顺畅。做到诚心,别人认可了你,才谈得上"以别人为中心",才使得沟通有一个好的基础。

2.诚恳

诚恳是一种态度。你用什么样的态度来对待别人,别人就会用怎样的态度来对待你。因此我们要保持在不同的对象、不同的环境下都采取诚恳的态度。

要发自内心地对别人真正感兴趣，要有一种观念，每个人都是我的老师，我能从别人身上学到很多东西。在沟通的过程中还要善于找到话题，这些话题可以是新闻、天气，也可以是机场、客舱环境，还可以是民航旅客的身体状况等。在沟通的时候，还要严于律己。我们每个人都是对自己最感兴趣的，每个人都喜欢表达自己，想发表自己的见解和想法，这就需要民航服务人员严格自律，少说自己的事情，而是以旅客为中心。最后，不要经常打断旅客，要做到耐心而专注地听。所有的这些在别人看来就是诚恳的态度，不加掩饰的诚恳的态度是最好的武器。

3.诚实

诚实是说话的原则，但诚实也是有条件的，是分情况的；不是在任何时间、场合、面对任何人都要诚实。也就是说要诚实而不是无条件的诚实，否则就是迂腐了。民航服务人员在与旅客沟通时，在不能说谎的情况下，只能说："不知道。"

所以我们在与旅客沟通的时候，要不断地修炼自己的品质、诚心，沟通的过程中以对方为中心，用诚恳的态度为旅客解决问题，这样才能消除沟通中的障碍，化解误会和矛盾，以建立共识，从而达成良好沟通的目的。

小故事

▶明朝为什么迁都北京

一次在执行航班任务中，一位海外老人和我攀谈时问我："你是什么地方的人啊？"我回答江苏人。他又问我："你熟悉你们的省会南京吗？"我谦虚地说："略知一二。"他又问"南京是六朝古都，是哪六朝啊？"我曾经看过这类的旅游简介，便回答了他。他又问我："明朝为什么迁都北京？"我坦率地告诉他不清楚。他笑着说："没关系，你还年轻。"这是宽慰我的话，而我深感自己历史知识的贫乏。这是一般的历史常识，我应该了解。从那以后，我就开始注意学习这方面的知识。

(五)努力学习,提升自己的知识与能力

前面提到过，民航服务人员与旅客沟通障碍的产生，其中有两个重要的原因是文化背景和语言障碍。要克服和消除这些障碍,需要我们民航服务人员不断地学习,掌握相关的知识和技能,例如,拥有一口标准而流利的普通话和熟练的外语沟通能力、丰富的知识面、良好的口才等。俗话说:"技多不压身。"当我们有了广博的知识、精湛的服务技能,与民航旅客的沟通就会得心应手。

图8-14

小贴士 ▼

沟通的信念

信念一,人不等于他的行为。行为是心境的反应,一个人的行为好不好,决定于行为者当时的心态。因此顶尖人物沟通时,会把人与心情分开。

信念二,每个人在每分每秒都在做他最好的选择。

信念三,没有不好的人,只有不好的心态。

信念四,任何事情不管怎么看,都至少有好坏两面。

信念五,不管人们做什么事,他们总是有自己的理由。

信念六,倾听对方讲话的目的,而非争辩他们讲得是否正确。

信念七,所有的沟通分成两种:一是对方表达对你的爱和关怀及分享快乐,因此是善意的反应。二是他们需要帮助。因此,最重要的是倾听对方讲话的目的。

思考与练习

1.什么是沟通?沟通在民航服务中有什么作用?

2.在民航服务中,需要运用哪些沟通策略?

3.民航服务人员如何运用身体语言实现与旅客的良好沟通?

4.民航服务中常见的沟通障碍有哪些?民航服务人员如何尽力去避免这些沟通障碍或化解这些障碍?

第九章

民航各岗位服务心理与策略

学习目标

1.了解旅客在民航各岗位接受服务的心理需要。

2.懂得民航各岗位服务的要求。

3.学会民航各岗位的服务策略。

案例导入

想旅客之所想,忧旅客之所忧——川航行李室服务至上

2月7日(大年初一)下班,四川航空公司地面服务部行李室值班主任小曾准备回家过年,突然想到行李查询人员提到2月5日3U8734航班中,少收行李中有一件是自贡富顺的,但电话通了又挂断,一直没确定好运送的事情。她考虑到,这件行李是旅客急需的,再加上从成都运送这件行李要700元左右的费用,正好自己回家就可以顺便将这件行李给旅客送去,既解决了旅客的困难又可以为公司节约费用。

在取得科室副经理的同意后,小曾将这件行李贴好封条,挂上锁扣和带上相关单据,提着这件行李踏上了回家的路。一路上她不断地联系旅客,可到了自贡电话依然是通了又挂,难道这件行李就又只能带回成都吗?功夫不负有心人,19:30分时小曾正在和家人吃团年饭的时候,电话响了,对方说她就是行李的主人,真是个好消息。小曾马上核实了旅客的情况,本想第二天送到旅客处,可问题又出现了,旅客说今晚就必须要拿到行李,明天要离开富顺了,富顺离自贡市区有50多公里的车程,小曾没来得及和家人吃完团圆饭,马上带上行李打车赶往富顺。一个多小时后终于到了富顺,见到了旅客,旅客见小曾大年初一还为自己送行李,十分感动并连连说着谢谢,并说:"川航的人办事太认真了,什么事全都帮旅客想好了。"小曾说:"没什么,这是我们应该做的,你的行李晚到了是我们工作没做好,给你带来的不便希望能谅解,并祝你和你的家人新年快乐。"在清点好行李和办完交接手续后小曾将行李交给了旅客,此时已是22:00了,小曾才立即赶回自贡市区,父母还在家等她吃没有吃完的团年饭。

民航部门给每个民航旅客提供的服务是一个综合服务的过程,而这种服务是由航空公司及机场等各个具体部门来完成的。要真正满足民航旅客的心理需求,就要求民航每一个服务部门根据本部门的工作特点,针对民航旅客在本部门的服务需求,为民航旅客提供优质服务。

第一节
电话订座与售票处服务心理与策略

一、民航旅客订票心理

(一)求票心切

民航旅客一旦有购票的需要,就迫切希望自己的愿望能实现,此时的旅客在行为上或多或少带有急躁的情绪。

(二)心理活动变化快

民航旅客心理活动变化快的原因主要取决于能否顺利买到自己所需的机票。如果自己的需要能得到满足,那么这股急躁情绪马上化为乌有,转而出现愉快的心情和情绪。如果愿望不能立即实现,那么,这股隐藏的急躁情绪马上就会变成对立或消极情绪,一旦遇到售票处服务人员态度或工作上有问题,便马上爆发,甚至发生争执。

二、订票处服务策略

针对民航旅客订票时的心理需求,民航服务人员的服务策略主要有以下几种。

(一)明确售票处工作的重要性

民航服务人员要明确售票处是整个民航服务的起点,也是民航服务质量的窗口,这一服务环节工作的好坏,将直接影响下一服务环节的工作。

图9-1

小知识

　　星空联盟关于《不正常航班管理的政策及流程》中的规定:无论是可控原因,还是不可控原因造成的航班延误,当旅客行程被航班延误打乱时,无论在哪里出现航班延误,只要时间允许,都要为所有错失衔接航班为旅客提供重新订座服务。通过电话为旅客重新定妥当日其他航空公司的座位,避免订座稍后被取消。

(二)注意自己的面部表情

　　牢记"微笑是人际沟通的最佳方式",即使旅客是电话订票,也应在电话交流中面带微笑,注意说话的声音清晰,语气柔和,充分尊重旅客,带给旅客心理上的安全感。

(三)高度集中注意力

　　民航售票非常特殊,一旦出现差错会给旅客造成许多不便,因此,售票处的民航服务人员必须认真检查旅客购票的证件,认真办理电子票据。

▶微笑的魅力

小知识

　　"一个微笑总是能触动人们心灵的最深处,打动你我。"春节前的一天,一位常旅客来到西单售票处柜台想兑换免票,由于客人忘记了自己的明珠卡密码,无法及时兑换。服务员按业务流程将客人的身份证与明珠卡传真到广州明珠俱乐部,让客人等待广州方面的回复。时间一分分过去了。由于该旅客是请假前来办理业务,因此在柜台前不停踱步显示出明显的不耐烦。服务员微笑着对他说:"先生对不起,因为年前兑换免票的人员比较多,请您稍加等候。"一小时后,客人终于接到了广州方面的电话,而就在广州方面与旅客沟通核实密码等相关信息的时候,客人开始出言不逊,情绪越来越激动,不断用力摔打柜台的电话,后来干脆挂断电话,将怒火直接转向柜台的工作人员。在客人的无理谩骂声中,服务员始终面带微笑,耐心劝解,并积极主动与广州明珠俱乐部联系,想尽办法帮助客人解决密码问题。几个回合下来,当客人最终拿到密码时,心里开始有些过意不去了:"刚才是我自己太着急了,态度不好也不应该把火气撒到你身上,而你丝毫不介意,还尽心地帮我想办法,真是对不起。"客人询问留言簿在哪里,想在上面好好表扬一下她们的服务态度。服务员却说,"这是我的工作,没有必要将基本的责任当成什么好人好事来宣传,我们柜台任何一个工作人员都会这么做的。"以一个微笑开始,以一个微笑结束。微笑的魅力、倾听的艺术、沟通的技巧是柜台服务的制胜法宝。

民航服务行业会遇到各种各样的民航旅客,也难免会听到各种不友好的声音,但是民航服务人员代表的是航空公司的形象,所以说话办事要把握好分寸。有的时候,要学会换位思考。旅客出言不逊,甚至破口大骂,也是因为一时控制不住情绪,当他发泄出来就好了,民航服务人员虽然暂时会受点委屈,但最终还是能得到旅客的支持和理解的。

第二节
值机处服务心理与策略

一、民航值机处旅客的心理

值机处工作面较广,其中与民航旅客接触较多的是办理登机手续和交运行李的服务。当民航旅客购买到机票,前来办理登机手续时,其心态一般分以下两种情况。

图9-2

(一)等候办理时的心态:求快、求顺、求尊重

1.求快

旅客带着行李,怕排队,想早点办完登机手续后可以到候机室休息。

2.求顺

有的旅客担心自己带的行李较多或行李较大,怕不符合民航有关行李要求,想顺顺当当地通过办理登机手续。

3.求尊重

旅客希望民航服务人员能尊重他们,即使因不知道民航相关规定而做错了,也希望值机处的服务人员能尊重他们,而不是斥责。

(二)办理过程中的心态:问题多、要求多

因为要涉及切身利益,所以旅客此时问题较多、要求也较多,如旅客因不懂民航的相关规定而产生的问题要问、有困难也要问等。

二、民航值机处服务策略

针对旅客的这些心理需要,值机处服务人员的服务策略应该做到以下几点。

(一)明确值机处工作的性质

明确值机处的工作性质,是做好值机工作的前提条件。值机处工作与售票处工作有一定差异,要求值机处服务人员具有强烈的服务意识和高度的责任心,在每一个环节都不能有任何差错,否则,小到影响航班正常,大则影响航空公司声誉。

(二)把握旅客心理需要,进行有针对性的服务

根据民航旅客在不同阶段的心理需要,民航服务人员的服务应该主动、热情。在服务过程中民航旅客之所以问题多、要求多,原因是多样的。对此,服务人员应给予理解和帮助。一般情况下对旅客的要求或问题,服务人员应多给予满足和帮助解决。至于行李不符合民航规定或超重,尽管不是值机处的工作,但仍应主动耐心地向旅客讲明情况,请旅客配合行李托运处做好工作。

相关链接

▶客人希望自己被关心的"独占心理"及应对

谁都有这样的想法,在事情没办完之前,能独立占有对方的服务,只想让服务人员给予自己关心。在实际生活中,将时间分给一个客人,而让其他客人等待的话,其服务状态将无法收拾。为避免此类事情,请注意以下几点。

第一,熟练地接待客人,掌握在短时间内处理事情的能力。例如,和客人商谈时,另有别的客人询问,就说"请稍等一下",处理完第一个客人的事,再接待另一个客人。这样,一方面满足了客人的独占欲望,同时又迅速地处理完事情,也培养了出色地接待客人的能力。

第二,别让客人长时间等待。在要求客人等待较长时间时,应不时地与客人交谈两句,在不得已必须中断接待时,应向客人说明情况,请其稍候。

第三,请求同事帮助。在一个人应付不了时,不要勉强,要向同事们请求帮助。这些都是起码的礼貌,同时又向客人表达了"没有忘记您"的意思。

第四,对客人公平服务。尤其注意不要给对方以"受了歧视"这种印象。

第三节
候机室服务心理与策略

一、民航候机室服务的特点

候机室的服务在整个民航服务过程中有其特殊之处。从时间上看,它比售票处、值机处服务的时间略长;从服务难度看,当航班不正常时,候机室的服务是整个民航服务中最难的。

图9-3

二、航班延误时民航旅客的心理

(一)情绪波动较大

当民航旅客手持机票进入候机室时,内心应该是平静的,但一旦听到自己乘坐的航班延误或取消,就会出现情绪波动。航班延误或取消直接影响旅客原有的计划,使旅客产生急躁的情绪,并在其表情上、言语上、行为上表现出来。原计划越重要,耽误时间越长,旅客的急躁情绪就越强烈。

(二)容易产生错觉

航班延误后,民航旅客在候机室等候时很容易产生错觉,即实际只等了五分钟,但旅客会觉得已经等待很久,就会出现不耐烦的心理和情绪。

(三)新的需要增多

由于航班的延误,民航旅客会产生许多新的需要。例如,有的旅客需要打长途电话,有的需要买吃的东西,有的需要休息,等等。而当到达航班延误时,也会影响旅客的计划或心情,使旅客产生抱怨与不满情绪,这种情绪将会随着服务过程的延续而延续。如果再遭遇民航服务人员的不良服务,这种潜在的不良情绪就可能爆发出来。针对民航旅客的这些心理需要,候机室的服务人员应该有充分的认识,并以更贴心、细致、周到的服务满足旅客合理的新需求。

三、航班延误时候机室服务策略

在航班不正常的情况下,候机室的服务成为整个民航服务的难点,应急事情较多,民航旅客需要多,候机室服务人员的服务策略应该做到以下几方面。

(一)明确工作的性质,设身处地为民航旅客着想

民航服务人员要尽可能及时将航班信息通知旅客,以安定旅客情绪,同时耐心细致地做好航班不正常的服务工作,尽量使旅客满意。

(二)要有较强的服务意识和灵活多样的服务技巧

当航班延误或取消而使民航旅客产生时间错觉和新的需要时,候机室服务人员应具有较强的服务意识和灵活多变的服务技巧来服务好旅客。

(三)用更加优质的服务来弥补民航旅客心中的怨恨

由于航班的不正常,肯定会给旅客带来许多不便,作为候机室服务人员,一定要树立一种观念,旅客可以对航班延误表示不满,但不能使旅客对航班不正常时的服务感到不满。

第四节
空中服务心理与策略

一、民航旅客在客舱中的心理

当旅客经过售票处、值机处、候机室的服务之后,来到了飞机上。旅客的心理也随着服务环节的不同而转变,主要表现为以下两个方面。

(一)安全的需要

旅客的安全需要包括飞行安全和财产安全。作为空乘服务人员,应该尽量保证旅客的财产安全。

(二)舒适的需要

这是旅客在空中最主要的需要,其中包括物质方面和精神方面的舒适享受。物质方面的舒适享受包括舒适的座位、美味的食品、卫生的环境等方面;精神方面的舒适享受包括需要乘务员礼貌待人、帮助旅客排忧解难等。

二、空中服务策略

空中服务是整个民航服务过程中的一个关键环节,处于非常重要的地位。空中服务的好与坏,乘务员的一言一行,一举一动,都直接关系到航空公司甚至国家的形象,因此,乘务员的服务策略应该做到以下几方面。

图9-4

(一)高度重视自己的职责

乘务员要意识到空中服务的重要性,树立强烈的责任感,明确自己的言行代表着航空公司,代表着祖国,要努力服务好每一位旅客,出色地完成任务。

（二）重视民航旅客的安全问题

乘务员一方面,要主动向旅客介绍怎样使用飞机上的设备,以确保飞行安全;另一方面,要注意或提醒旅客保管好自己的财物,一旦发现旅客物品遗失,应马上帮助旅客寻找。

（三）热情主动

针对旅客在空中的心理需要,乘务员要主动热情地为旅客提供方便,使旅客产生"宾至如归"的感觉。

（四）要有处理突发事件的能力

由于飞机是特殊的交通工具,一旦在空中飞行时出现情况,乘务员要有非常灵敏的反应,并能沉着冷静地妥善处理好。

相关链接

▶空姐的由来

20世纪20年代末,刚刚兴起用飞机载运乘客,当时的客机上一般都不提供膳食,而且飞机上的人员也非常简单。只有一两名男服务员负责看管行李,在有些航班上,琐碎的乘务工作干脆由副驾驶员兼任,因此航班的乘务工作非常繁忙。

图9-5

1930年6月的一天,在美国旧金山一家医院内,波音航空公司驻旧金山董事史蒂夫·斯迁帕森和护士埃伦·丘奇小姐聊天。闲谈中,史蒂夫说:"航班乘务工作十分繁忙,可是挑剔的乘客还是牢骚满腹,意见不断。"这时护士小姐突然插话说:"先生,您为什么不雇用一些女乘务员呢?姑娘的天性完全可以胜任'空中小姐'这个工作的呀!""空中小姐"这一新鲜的词使董事先生茅塞顿开。

就在10天之后,埃伦小姐与其他7名女护士作为世界上第一批空中小姐走上了美国民航客机。

小贴士 ▼

空姐职业道德

1.首先要热爱自己的本职工作。

2.有较强的服务理念和服务意识。

3.有吃苦耐劳的精神。

4.热情开朗的性格。

5.刻苦学习业务知识。

6.学会说话。

▶ 热情服务赢来感谢

常坐飞机出差、旅行,对空姐的常规问候式的服务,没有留下什么值得回味的记忆。可前不久坐了一次飞机,有一位空姐的服务及她对服务理念的理解却给我留下了深刻的印象。

当时,乘坐的是北航大连公司的航班,从杭州飞往大连。刚进客舱,一位乘务员就接过我的行李包,帮助找座位,很快把我安顿好。飞机起飞后,她看我大汗淋漓的样子,马上拿来热毛巾对我说:"一路上辛苦了,擦把脸吧。"几句暖心的话,一扫我旅途的劳累。这时,邻座的一个小女孩不知何故啼哭不止,孩子的母亲怎么哄也不行,这位乘务员走过去,三言两语就和这个小乘客做起了游戏,顿时客舱里洋溢着小女孩的笑声。

图9-6

一切安顿好了,大概这位乘务员看我年岁已高,怕我汗消了着凉,又及时拿来毛毯盖在我的身上,我深深地被感动了,我看了她的胸牌,她叫岳红。我问她:"刚才那位小乘客为什么你一过去她就不哭了?"岳红告诉我,她是一位做了母亲的乘务员,她的女儿在幼儿园学了很多游戏,回家她就让她的女儿教给她,她在航班中常常和淘气的小乘客玩游戏,效果非常好。

我对她说:"你们的服务很有人情味,我真的期盼今后出差次次都能坐上你们的飞机。但是这样的服务的确也是很辛苦的。"她却微笑着对我说:"乘客坐我们的飞机就是我们请进家门的客人,对到自己家的客人,哪有不'殷勤款待'的道理。"短短的一句话,使乘客与乘务员之间有了一种与生俱来的亲和力。

第五节
行李查询服务心理与策略

行李查询服务是民航客运的最后一个环节。一般来说,到了这个阶段民航旅客对行程的需要已经基本满足,随之而来的是对自己的行李安全的需要。由于民航工作的特殊性,旅客的行李是在始发地搬运上飞机的,在运转过程中各种各样的原因都有可能造成旅客的行李漏装、破损、遗失、运错地方等。因此,作为行李查询的服务人员应该了解和掌握旅客的心理。

图9-7

一、民航旅客在行李查询时的心理

民航旅客到达目的地以后,如果发现自己的行李有问题,心理就会产生落差,情绪变化十分明显,从而产生不满、对抗情绪,有时还可能做出过激行为。旅客心理上迫切想知道自己行李的下落,急于拿回自己的行李。我们应当向其进行解释,安抚情绪。由于行李出现了问题,旅客要求补偿的心理比较明显,若旅客提出的具体赔偿数额与实际损失数额不相符或远远大于实际损失的数额,民航服务人员要在心理上有所准备,不要使矛盾激化,以免造成更大的损失。

二、行李查询服务策略

针对民航旅客在行李查询时的心理,行李查询处的服务人员的服务策略应该做到以下几点。

(一)换位思考

服务人员应该站在旅客的角度去对待行李的查询工作。

(二)调整情绪

服务人员要调整好自己的情绪,避免在工作中发生冲突,给工作带来不必要的麻烦。

(三)感化

服务人员用自己积极的工作态度感化旅客,积极地帮助旅客联系寻找丢失的行李,使旅客心理上得到平衡和安慰。

(四)赔偿

若因民航方面的原因对旅客的行李造成延误,应对旅客提供一笔临时生活费用,并进行适当的赔偿。

(五)致歉

如果由于行李出口处检查人员因工作疏忽的原因,造成行李的错拿,应及时纠正,并向旅客致歉。

读一读

▶一件失踪的行李将南航优质服务口碑带到香港

3月15日,CZ6327大连经停杭州航班抵达深圳宝安国际机场后,南航深圳分公司行李查询员同往常一样开始为旅客查验行李票,交付旅客托运的行李。行李转盘上很快就只剩下两三件行李未被提取了,整个行李大厅也慢慢变得安静起来。有一位旅客一直在行李提取转盘前焦急地来回走动,欲言又止,查询员苏红快速走上前询问旅客是否有需要帮忙的地方。

经询问得知,旅客姓刘,一行八人跟随一个旅游团从大连赶往香港开一个重要会议,他们托运的四件行李没有取到,其中有一个拉杆箱,里面全是会议需要使用的样板材料,所以不免有些着急。会不会是没有装上飞机?服务员一边安慰旅客,一边打电话到大连行李查询部门询问。得知刘先生的行李被传送带卡住了,没有装上飞机,现在大连已经将这件行李用最快的航班运送过来了,五小时后就能抵达。

当时已经是晚上8:00,车和其他旅客都在外面等,刘先生表示:他们不可能在机场等5小时,而且马上就要赶往香港,要求南航工作人员送到香港开会的地点。后天开会必须用这些资料,否则会造成巨大损失。这让南航工作人员犯了难,查询的工作人员没有港澳通行证,怎么办?

当天值班主任了解到情况后,当即表示:让旅客先走,我们想办法,尽快把行李送到香港!在值班主任的带领下,值机班组先后联系了三家快递公司,要求他们明天能把行李速递过去,但周日是香港的休息日,要周一才能送到旅客的手中。这该如何是好?"旅客的满意,就是我们最大的心愿",这是南航的服务宗旨,也是我们的目标!"那就派我们的员工去送,不管有多大困难,也要兑现我们的承诺!"值机班主任坚定地说。说完,她开始给一些可能有港澳通行证的员工打电话,半个小时过去了、两个小时过去了……终于联系到南航商务室拥有有效港澳通行签证的员工,讲明情况后,两位员工愉快地接受了这次特殊的任务。

第二天,经过5小时的奔波,下午4点,行李终于按时交付到旅客手中。看到南航的两位员工不惜用自己的休息时间,费尽周折把行李送到了自己手上,刘先生非常感动,他说:"刚开始,听说我的行李没有装上飞机时心里有一丝不快,但你们南航后续解决问题的方式和态度,让我满意,真的是做到用心服务、用情服务,南航将永远成为我们的首选,谢谢你们!"

第六节
民航宾馆服务心理与策略

民航机场宾馆服务是整个民航服务的一个组成部分,其服务特点除了具有整个民航服务的共同点外,也有自己的特性。民航宾馆服务人员要为民航旅客提供满意的服务,就需要对旅客在民航宾馆接受服务时的心理特点进行了解。其服务的主要特点是满足民航旅客求舒适、卫生、方便与尊重的需要。

一、旅客入住民航宾馆时的心理特点

(一)舒适

旅客奔波一天已十分疲倦,此时,他们迫切需要好好休息,以消除旅途劳累。他们要求房间舒适,设施方便、实用、齐全。

(二)清洁

宾馆的各种设施都是众多人使用过的,容易滋生细菌,传染病毒。

为此,所有民航旅客往往把宾馆的卫生与清洁看做第一需要。美国康奈尔大学旅馆管理学院的学生,用了一年时间调查了3万名旅客,其中60%的旅客把卫生与清洁列为选择旅馆的第一考虑因素。

图9-8

(三)方便

旅客住下以后,都希望生活上方便,他们要求宾馆设备齐全一点,服务项目完善一点,包括宽带网络等。因此,民航宾馆应注意提供方便旅客的设备、设施以及生活用品。

(四)尊重

旅客都有求尊重的心理需要,都希望见到服务人员热情的笑脸。

二、民航宾馆服务策略

针对旅客入住民航宾馆的心理需要，民航宾馆服务人员应该做好以下工作。

(一)提供宾至如归的服务

图9-9

为民航旅客提供宾至如归的服务，满足他们对舒适方面的要求，避免旅客产生消极情感。对于因航班延误与取消而来的旅客，在舒适的客房内休息，既可以换一个休息环境，还能适当调整自己的情绪。民航宾馆服务人员应该充分意识到，民航旅客在宾馆好好休息，是人的最基本的需要，如果这种需要得不到满足，就会产生消极的情绪，特别容易发怒，导致不良心境。所以，宾馆服务人员要注意满足旅客的这一生理需要，保证有一个安静舒适的环境。在服务过程中尽量做到三轻，即走路轻、说话轻、动作轻，不发出任何噪声影响旅客休息。

(二)做好清洁卫生及消毒工作

宾馆服务人员应对宾馆的各种公共设备、生活用品、餐具进行严格消毒，最好在消毒后写上"已经消毒，请放心使用"字样以消除旅客的顾虑，使旅客能放心使用。

(三)设备齐全，提供更加完善的服务

旅客住下以后，都希望生活方便，他们要求宾馆设备齐全一点，服务项目完善一点，包括宽带网络等。民航宾馆应在交通、通信和资讯服务等方面更加完善，或让民航旅客在遇到问题求助服务人员时能得到圆满解决。

(四)尊重旅客

对于民航旅客求尊重的心理，民航宾馆服务人员对旅客要用尊称，对有学位、军衔、职位的客人要称呼为"博士先生"、"上校先生"、"经理先生"等以满足他们的自尊心。旅客还要求服务人员尊重自己的生活习惯，例如，有的旅客喜欢在房间里穿得比较随意；有的旅客一回到房间就要洗澡；有的旅客喜欢看电视等。旅客认为自己花钱租了房间就拥有对房间的使用权，如果谁想进入房间，就应该得到自己的允许。针对这种心理，宾馆服务人员在服务过程中就应该充分尊重客人的心理需要，进入房间为客人服务时应先敲门，得到客人允许以后再进入房间。

读一读

▶语言的艺术

某天20:00,501房间刚入住的客人站在门口叫:"服务员,我的钥匙怎么打不开门?"

服务员答道:

1."请给我试一下好吗?"服务员接过钥匙一试,门开了,服务员回答客人:"可能刚才是您使用不当,您看,门现在开了。"

2."请给我试一下好吗?"服务员接过钥匙,边试边说:"您将磁条向下插进门锁,待绿灯亮后立即向右转动把手,门就可以开了。"门开后,服务员将钥匙插入取电牌内取电。

点评:

第一种处理方式太过于直截了当,让客人面子上过不去,而第二种处理方式服务人员不动声色地纠正了客人不当的使用方法,既帮助了客人,又让客人免于尴尬,体现了星级服务的风范。

第七节
民航餐厅服务心理与策略

一、民航旅客的就餐心理

民航餐厅的服务对象主要是乘机的旅客,他们进餐厅的总体要求是求快、求好、求卫生。

(一)求快

求快,就是旅客一进餐厅就能找到座位,自己点的菜可以很快上齐,如果有需要,服务人员可以立即解决。

(二)求好

对于"好",其标准是餐厅的饭菜是否符合旅客的口味。

图9-10

(三)求卫生

卫生是旅客到餐厅就餐的第一需要,旅客希望食具经过严格消毒,食品是新鲜、卫生的,餐桌是干净、整洁的。

针对旅客在餐厅不同情况的需要,民航餐厅服务人员应该采取不同情况下不同方式的服务。

二、民航餐厅服务策略

第一,针对旅客求快的心理需要,服务人员应该在旅客一进餐厅就及时安排好他们的座位并端上茶水,送上点菜单,或按旅客吩咐送上他们急需的东西。对急于就餐的旅客,可介绍一些现成的菜,如冷盆或出勺较快的菜。对点菜后不耐烦的旅客,也不能责备,而是想办法消除旅客对时间的错误知觉,消除旅客的无聊感。

第二,针对旅客求好的心理需要,服务人员应意识到旅客到餐厅一般都要求有适合自己的口味,吃顿可口的饭菜的心理。因此,餐厅服务人员应想办法满足旅客的这一需要。为了使旅客吃好,服务人员可以采取针对性的服务。例如,是四川旅客,可以推荐"麻婆豆腐",对江南旅客可介绍一些有代表性的甜食;对老年旅客可以推荐一些精细、好消化的食物,对年轻人可推荐香脆的菜品等。

第三,针对旅客求卫生的心理需要,服务人员除了对餐具进行严格消毒外,自己的双手、工作服、工作用的毛巾等一定要干净。另外,服务人员一定要懂得食品卫生是旅客的安全需要,注意传菜、上汤、端茶时手的姿势等,都要注意带给旅客良好的心理感受。

第四,服务人员还应意识到餐厅是整个民航服务的一部分,旅客会把对上一个服务环节的不满心理延续到就餐,所以餐厅服务人员要理解旅客心理,要有忍耐性,克制自己的脾气。

读一读

▶ 鳜鱼

某酒店的餐厅里,一位客人指着刚上桌的鳜鱼,大声对服务员说:"我们点的是鳜鱼,这个不是!"他这么一说,同桌的其他客人也随声附和,要求服务员退换。

正当服务员左右为难时,餐厅领班张小姐走了过来。张小姐走到客人座位旁仔细一看,发现服务员给客人上的确实是鳜鱼,心里便明白是客人弄错了。当她看到这位客人的反应比较强烈,其余的客人多数含混不清地点头,主人虽然要求服务员调换,但却显得比较难堪时,立即明白这鳜鱼是主人点的,而他对那位客人的错误又不好指出。

于是,张小姐对那位投诉的客人说:"先生,如果真是这样,那您不妨再点一条鳜鱼。请您亲自到海鲜池挑选好吗?"客人点头应允。张小姐陪着客人来到海鲜池前,并不着急让客人点鱼,而是先和他聊起天来。稍稍站了一会儿,恰好有其他的客人也点鳜鱼,看到服务员将鱼从池子里捞出,客人的脸上立即露出了惊诧的神情。等点鱼的客人走后,张小姐对这位投诉的客人说:"这就是鳜鱼。"接着,她指着海鲜池前的标签和池中的鱼简要地介绍了一下鳜鱼的特征。最后,她征求客人的意见,"您看您现在点还是等一会儿再点?"

"这……等一会儿吧。"客人答道。

客人回到座位,认真观察了一下,刚才确定是自己弄错了。于是面带愧色地向张小姐及服务员道歉,而主人则向张小姐投来了感激的目光。

民航酒店服务中有一条金科玉律,即"客人永远是对的"。这句话并不是说客人不可能犯错误,而是指从服务的角度来说,要永远把客人置于"对"的位子上,使其保持一种"永远是对的"的心态。因此在服务过程中,即使明知客人犯了错误,一般也不要直截了当地指出来,以保全其面子。因为对于"爱面子"的中国人来说,如果在酒店丢了面子,那么即使其他方面做得再好,客人对酒店的服务也不会满意。

本案例的领班张小姐虽然明知客人犯了一个常识性的错误,但由于她心中有了"客人永远是对的"这根弦儿,于是采取了一种间接的转移现场的方式,让客人亲自到海鲜池前点鱼,从而使客人自己认识到错误,取消投诉并致歉。这种处理充分显示了领班张小姐的机智与灵活。另外,领班张小姐在投诉处理过程中的察言观色的能力也值得肯定,通过观察,她比较准确地了解到其中的微妙关系,所以用语措辞都非常谨慎,有效避免了主人和投诉客人之间的尴尬和可能出现的直接对话。

第八节
民航商场服务心理与策略

一、民航旅客的购物心理

民航商场分为国内候机室内的商场和国际候机室内的商场,两者的旅客构成略有区别,但所有旅客的购物心理并无太大区别,一般都有以下心理。

图9-11

(一)求纪念价值的心理

买纪念品或者为了自己留做纪念,或者馈赠亲友。

(二)求新异的心理

民航旅客一般对异国异地具有新异性的商品,对具有当地特色的商品一般都比较感兴趣。

(三)求实用的心理

这是一般人购物的普遍心理,民航旅客也不例外。

二、民航商场服务策略

民航商场服务的最大特点就是满足旅客的购物心理需要,即让旅客买到称心如意的商品,享受到优质的服务。

(一)善于接待旅客

即恰到好处地接待好各类购物旅客。购物的旅客可分为三大类,一是完全确定型购物旅客。当他们来到柜台前已经想好要买什么,包括商品名称、商标、型号、规格、式样、颜色甚至价格等都有明确要求。二是半确定型购物旅客。这类旅客来到柜台前已有基本购物的心理倾向,但还未完全确定,对一些具体要求还不太明确,最后决定还需要经过比较选择完成。三是不确定型旅客。这类旅客基本没有明确目标,到柜台前只是漫无目的地观看或随便了解一些商品情况,如有合适的或感兴趣的,也会购买,这是民航商场中最多的一类旅客。商场服务人员除了服务好前两种类型的旅客外,对第三种旅客要尤为关注。当旅客还处于观看阶段时,服务人员不必与他们搭话,以免产生不必要的想法或产生戒备心而带着不安的情绪快快离去。正确的做法是,当旅客较长时间凝视某一商品,或看完某一商品把头抬起,或突然止步看某一商品,或用手触摸某商品时,服务人员应该一边微笑一边走近旅客,礼貌问好,给旅客以自然亲切的感觉。

(二)做好商品的展示工作

当民航旅客欲购买某物时,服务人员应向旅客呈现该物体在使用时的状态给旅客看;尽量让旅客触摸一下,特别是衣物;要实事求是地介绍该商品的特点,尊重旅客的购买习俗;同类多种商品展开,任旅客挑选,使旅客能买到称心如意的商品。

▶**当客人将走出商场时……**

读一读

前不久,一位客人持古南都画卡来到2F商场,我热情而详细地给客人介绍起来:这是明清的山水画,清新奇巧;那是敬鸿的山水画,气势宏伟;伟良的墨竹,苍翠有力……客人听了后摇摇头。这是为什么呢?正当我考虑是否遇到了一位高品位的客人时,客人已欲离开。我突然想起,前两天刚进了一批精品画。于是,我很有礼貌地请这位客人稍等,拿出一套精品画——梅、兰、竹、菊四君子请客人欣赏。这时,客人的目光一下子被吸引住了,不禁赞叹道:这才是真正的传统中国水墨画,我要了!于是,就在客人即将离开商场时,我们成交了。

又有一天,有一位欧美客人带着一位两三岁的中国小姑娘来到2F工艺商场。一看就知道是刚进店的领养团成员。我随即为客人讲解、介绍。但是,客人似乎对字画、玉器、茶壶等工艺品不感兴趣,或许是自己的英语水平低吧。我这样想着,客人已走到印章柜台,即将走出商场。恰巧此时,精通英语的同事张振云来换岗,她马上自告奋勇当起翻译。她从2008年北京奥运会会徽的小小印章说到了中国五千年的文明史,这一枚小小的印章浓缩了中国几千年的灿烂文化……张振云的英语真棒,翻译得很透彻,客人们不住地点头就是一个很好的证明。最后,我们趁热打铁,建议她给在中国领养的女儿刻上一枚印章,并用中、英文表示,以示纪念。客人点头表示同意,并说自己深受中国文化的感染,要和他女儿各一枚。客人笑了,我和张振云也都笑了。

思考与练习

1.订票处、值机处的工作内容和岗位要求是什么?

2.行李查询处的服务人员怎样为行李有问题的旅客服务?

3.比一比,谁最擅长灵活处理以下情况:

情境1:由于天气原因造成航班延误4小时以上,一些旅客情绪激动拒绝登机并和工作人员发生口角吵闹要求见负责人。

(1)扮演情绪激动的旅客(可以多人)。

(2)扮演民航服务人员。

情境2:旅客在飞机飞行中多次要乘务员陪着聊天、提出非分无理要求。

(1)扮演旅客。

(2)扮演乘务员。

情境3:在飞行过程中,飞机出现故障,需要返航。

(1)扮演旅客。

(2)扮演乘务员。

第十章

民航服务人员能力的培养

学习目标

1.了解民航服务人员应该具备的主要能力。

2.认识民航服务人员的能力在民航服务中的重要性。

3.提升民航服务人员的能力。

案例导入

2009年1月25日,小刘与往常一样带着一名新学员执行CZ6887航班,飞机在长沙落地后,机组通知由于跑道结冰,停场时间将会有近4小时。

由于机翼结冰需要除冰,旅客在飞机上等待。"骗子,明明不能飞为什么骗我们登机""你们工作人员到底是干吗吃的,除个冰要4小时,连个人影都没有""我要喝水""我还有急事呢,你们到底飞不飞"……一连串的质问和谩骂立刻在小小的客舱中弥漫开来,乘务组丝毫不敢怠慢,立刻请示乘务长,开始在地面为旅客供水供餐,同时所有乘务员都在客舱不厌其烦地回答旅客问讯。4小时过去了,乘务长多次与机长联系,结果依然是等待,看着焦急、愤怒的旅客,乘务员耐心解释,小心服务……

"咱们要在飞机上过夜了"。听见这个消息,刚被安抚好的旅客,就像突然被引爆一样炸开了锅。"你们公司是不是没钱让我们住旅馆呀""我又饿了,我要吃米饭""我下午有重要会议,谁来赔偿我的损失""我要到民航总局告你们去"……一连串的抱怨和不满,就像外面刺骨的寒风一样不断向乘务组袭来。尽管大家都不愿意相信,但现实就是如此残酷。

由于当日长沙机场冰雪天气,所有飞机均无法正常起飞,汽车无法安全行驶,滞留的旅客也无法送往各个宾馆休息,候机室已人满为患,这种情况百年不遇。为此,乘务组首要任务就是将愤怒到极致的旅客情绪尽快抚平,大家清楚这种情况下,唯一能让旅客平静的方法只有一个,那就是让旅客了解真实的情况,让旅客明白当前所面临的种种困难,赢得旅客的谅解。乘务员又开始穿梭在抱怨的旅客中间,耐心地说明情况,并为旅客提供热饭、热茶及饮料。所有程序结束后,乘务员没有一个人休息,因为大家知道,只有沟通才能拉近人与人之间的距离。"我的手机没电了,真耽误事,烦死了。"小刘立刻拿出自己的手机:"虽然我的也快没电了,但至少能用,你先给家里报个平安吧。"飞机上有位男旅客拿出烟和打火机说:"反正你们也不让下机,我就在飞机上抽!"小刘悄悄把旅客带到后面服务间耐心地说:"我知道,快过年了,谁都想快点回家,但是安全最重要,飞机上空间狭小,万一引起火灾,咱们大家都不能与家人团圆了,您说是吗?"旅客没说什么,低头回到了客舱。下半夜了,部分旅客已经睡去,乘务员轻轻为他们盖上毛毯,又为没睡的旅客打开阅读灯,不间断地提供茶水、饮料。旅客似乎也很累了,逐渐安静了下来,开始和乘务员聊天,"你们也蛮辛苦的,赶快休息会吧","这是我刚才在候机室买的八宝粥,你们也吃一点吧"。在了解到长沙机场上面临的前所未有的困难时,再看看"老天"不停地"撒"着雪花,他们不再"为难"乘务员了,也不再提任何"要求"。

乘务员的辛苦、服务和付出也得到了旅客的理解和高度赞扬。直到次日下午15:00,旅客才依依不舍地下机到宾馆休息,等待天气好转。至此,乘务组已连续工作31小时。4天后,在重新踏上飞机的那一刻,旅客和乘务员就像多年未见的老朋友一样互相问候、寒暄,大家没有了距离感,心与心的交流在这一刻让每一个人感动。1小时的航程很快结束,旅客们下机时一步三回头,一个劲地道别:"别忘和我联系,美丽的空姐,我会永远记住你们的,祝好人一路平安。"

能力是影响人心理活动形成和发展的重要的内部因素,它是人们顺利完成某种活动的主观条件,并在主观条件中占重要地位。人的能力是与某种活动相联系的,并直接影响人的活动效率,服务人员应该具备良好的观察能力、注意能力、表达能力、劝说能力和倾听能力等能力。

上述案例考验了民航服务人员的综合服务能力。其中民航服务人员的观察能力、注意能力、表达能力、劝说能力、倾听能力都得到了检验,如果民航服务人员没有这些方面良好的能力,不仅不能给旅客提供让他们满意的服务,还会激化旅客与航空公司的矛盾,并且在社会上产生不良影响,航空公司的形象也会严重受损。

第一节
观察能力

要做好一名优秀的民航服务人员是非常不容易的,如果只是按服务程序,机械地去服务,而不是用心、用脑、用热情去服务,这只能算是完成了这项工作,至于完成的质量,那就不言而喻了。所以服务的内涵就是要用心,并倾注真诚的感情去高质量地满足旅客需要。用心首先就是要学会观察,观察旅客,了解其所思所想;观察别人如何服务,充实和丰富自己的服务技巧。一名优秀的民航服务人员,善于观察到别人不易观察到的地方,从而能把服务工作做在民航旅客开口之前。从事一个服务性行业,会观察的人才更懂得服务,才更能提供优质高效的服务。

一、什么是民航服务人员的观察能力

(一)民航服务人员的观察能力

察言观色是了解对方心理状态的基本方法。观察是指一种有目的、有计划的知觉。观察是人们对客观事物、现象感知过程中的一种最直接的方法。民航服务人员观察能力主要是指服务人员通过观察民航旅客外部表现去了解其心理特征、心理需要的一种认知能力。敏锐而深刻的观察能力是一名优秀的民航服务人员不可或缺的重要的能力品质。在民航服务的主要工作范围内,民航服务人员只有了解民航旅客的心理特征和行为特点,明其所思、知其所想,才能提供令旅客满意的各种服务,从而做好民航服务工作。

▶ "爷爷"

读一读

飞机上,一位年过古稀的台胞,久久地盯着一位乘务员看,看得他有点不好意思,正在纳闷中,这位老人掏出一张照片递给他看,并告诉他:"这是我的孙子,和你长得多像!"乘务员仔细看了看照片,真是十分相像,当他将照片送还时,老人颤抖的双手紧紧握住乘务员的手,激动不已。眼里噙着泪花说:"我十多年没见他了,真想他呀!"乘务员一边拿着纸巾为他擦泪,一边亲切地说:"爷爷,你一定能见到他。"你叫我什么?""爷爷",乘务员提高嗓门又亲切地喊了一声。老人拍着他的后胸,连连说:"多懂事的孩子。"

对台胞老人的称呼,通常称"老先生"、"您老"、"老人家",但这次乘务员从台胞老人看自己的眼神和拿出孙子的照片及言语中敏锐地观察到老人思念孙子的强烈情感,于是突发灵感,像他孙子一样,亲切地喊他爷爷,让老人的心理得到了极大的慰藉和满足,缩短了旅客与民航服务人员之间的心理距离,使在飞机上的台胞老人的心情一直都很舒畅。

(二)民航服务人员观察能力的培养

1.观察要有明确的目的

民航服务人员可以选一些与自己工作有密切关系而又急需解决的问题进行观察研究。例如,机场餐厅服务员可将观察不同类型的民航旅客对菜肴的不同需要作为目的;机舱服务人员可将观察不同年龄的民航旅客所需要提供的不同服务作为目的等。

2.必须根据目的订出可行的观察计划,做到心中有数,减少观察的盲目性

制订计划时,要有充分的知识准备才能使所订的计划顺利进行。例如,机场餐厅服务员在制订以观察不同的旅客对菜肴的不同需要为目的的计划时,事先要懂得有关菜肴的基本知识;机舱服务人员在制订以观察不同年龄的民航旅客所需要提供的不同服务为目的的计划时,事先要懂得一些不同年龄的人群的一些共有的心理特点。

3.在观察中应该细心体察,并整理观察的结果

民航旅客的心理活动是十分复杂的,如果不细心观察就容易造成不准确、不全面的后果。每一次观察结束后,要进行总结、整理和归纳出一些有规律的东西,从中找到民航旅客心理活动的特点,以便提高今后服务工作的质量。

知识链接

▶计划观察法

在某国的一次国际会议上,40位心理学家正在开会。忽然,一个人冲进会场,另一个手持短枪的黑人紧追而入,两个人当场搏斗起来。一声枪响之后,两个人又一道跑了出去。这个紧张的场面仅仅持续了20秒。接着,会议主持人要求在场的心理学家们立即就这次刚刚经历的惊险写下目睹记。在40篇报告中,居然有36人没有察觉到那个"黑人是光头"!心理学家的观察力一般都是比较强、

比较精确的。但是,这一次,为什么有这么多人在观察时失之偏颇呢?

这是因为,心理学家们事先没有思想准备,事件发生得非常突然,他们都没有明确的观察目的,也没有任何观察计划,所以对"黑人是光头"这一重要的事实"视而不见"。这一事实说明,要进行有效的观察,就要明确观察的目的,制订相应的计划。

人们常说,"外行看热闹,内行看门道。"这也从侧面表明观察的效果与是否有观察计划有直接的联系。

二、如何观察旅客,提高服务质量

图10-1

(一)从旅客的外部特征开始观察

旅客的外部特征,主要是指他们在相貌、体型、肤色、发型、服饰等外观上的差异。它既指总体形象,也指局部特征。

1.通过表情判断

相貌是静态的,表情是动态的。人的面部表情的变化,不仅能反映一个人在某一特定时间或场合下的情感状态,而且在一定程度上还可以反映一个人的性格特征。表情是一个人情绪情感的外部表现,一个人若长期受某种情绪影响,形成所谓的"固态表情"后,就会成为相貌的一部分,并成为其性格特征。

表情包括面部表情、声调表情和体态表情等。

(1)面部表情

人的面部表情是最为丰富的,有人统计出人脸所能做出的动作表情多达25万种之多。据有关专家研究认为,人们从对方面部表情中获得的信息量可达50%以上。人们的面部表情总是与目光结合在一起的,并且是相一致的,都和内在的心理状态相对应。

小贴士 ▼

目光与心理状态

看:一般是指没有感情色彩的。

扫、瞟:代表不在意或看不起。

盯:表示痛恨。

瞄、眺、窥:意味着害怕或难为情。

盼、顾、望:代表期待的心情。

觑:意味着无奈。

瞠:表示惊奇。

瞪:代表生气。

炯:说明身心健康、朝气蓬勃、积极进取。

呆:代表情绪抑郁、无望无助。

在特定的情况下,人们的眼神与表情也会出现分离。在这种情况下,透露人们内心真实状态的有效线索是眼神,而不是表情。因为表情是可以伪装的。"眼睛是心灵的窗户",人的眼睛是其内心情感状态的良好指示器。

此外,我们的鼻子、眉毛、嘴巴甚至耳朵都能够流露出某种心境。嘴也是整个面部又一表情丰富之处,许多表情与面部整体的肌肉活动有关,但嘴还有些特殊性,有时微笑,嘴角肌肉的微小活动可以反映出一个人的心理活动的内容,如抿嘴、咬住嘴唇,可以表示轻视、思索、自信、下决心等。还有,如皱鼻,表示厌恶,哼鼻子表示排斥;抬眉,表示惊讶等。我们可以通过对他人面部表情的观察与分析,判断其情绪、态度、自信心、反应力、思维的敏捷性、性格特征、人际交往能力、诚实性等素质特征。

(2)声调表情

美国传播学家艾伯特·莫拉宾曾提出一个公式:人际间的信息全部表达是由7%的语言(单纯指话)和38%的副语言(包括音质、语调、语速和助叹词,如"吗""吧""呢"等)以及55%的体态语言组成。

从一个人说话声音的高低、强弱、起伏、节奏、音域、转折、速度、腔调和口误中领会其"言外之意"。语言交谈能够沟通思想,促进相互了解,语言的声调使语言本身具有更多的感情色彩,从而揭示出人的思想、感情和意向的精微之处,而这非词汇所能完全表达的。任何事物都可以用最体面的语言来讲述,而不至于流于粗俗,问题只在于思想是否丰富、语言是否和谐、比喻是否恰当、礼貌是否周到、时机是否适当。

意大利一位著名悲剧演员罗西，一次应邀参加一个宴会，这个宴会是由国外同行举办的。席间，久闻罗西大名的许多客人要求他表演一段节目，推辞不过，罗西就用意大利语念了一段台词。虽然客人们都听不懂他在说什么，但他那悲切的表情和凄凉的声调却使大家潸然泪下，只有翻译忍俊不禁，笑出声来。原来，罗西只不过是声情并茂地念菜单上的菜名。

(3)体态表情

体态语言占到了信息传递的55％，所以体态语言常常会反映出一个人内心真实的态度。比如，见人恭敬有礼，非常客套并躲开别人的视线，说明此人谨慎小心，自我防卫心理较重；坐姿随便，跷着二郎腿，两只胳膊占据很大位置，说明此人性格开朗；坐下时双腿紧闭，只坐半个椅子，手规规矩矩地放在膝上，可见此人性格内向、拘谨；斜着身子，抱着胳膊，表示拒绝和排斥的态度。手势也会流露人的内心思想活动以及素养与态度。

人们的每种情绪情感都会在自己面部、语调或姿势方面有所表现。所以通过观察旅客的体态表情，我们可以更好地了解其内心想法和需要，从而提供让旅客满意的服务。

2.通过肤色判断

通过观察肤色，我们大致可以知晓旅客的国籍、民族及职业等方面的信息。例如，室内的脑力劳动者一般比体力劳动者及野外作业的人要白一些；西欧等地的白种人居多，而非洲等地的黑种人居多，亚洲人则多为黄种人。但仅凭肤色来判断是不可靠的，要较为准确地对旅客作出判断，还需要从其体貌、服饰、语言等方面进行细心观察和了解，以便使用恰当的礼节和语言来进行针对性的服务。

▶他长着中国人的面孔

一天，某民航宾馆来了一位先生入住某房间。服务员小张赶忙端上热茶，用标准的普通话说："您好！先生，欢迎光临，这是欢迎茶，请慢用！"她把茶放在茶几上，正准备退出房间时，一直茫然看着她一言不发的先生终于说话了，他用英语说他不是中国人，是韩国人。这时，小张心想明明是一张中国人的面孔，想不到竟是韩国人，自己认错了人，于是感到十分尴尬，非常不好意思，立即用英语向客人道了歉，又解释了自己刚才送的是欢迎茶。等客人听明白后，小张才愧疚地道了别，退出了房间。

3.通过发型服饰观察

如果说一个人的相貌、体型、肤色无法自由选择的话,那发型和服饰是可以根据自己的职业、年龄、季节、兴趣爱好自由选择的。发型、服饰不仅反映一个人的年龄、职业、地位,也反映一个人的社会角色、性格以及情绪倾向。发型和服饰在交往过程中也是一种无声的语言,透露着说话者的相关信息。它们代表着一个人的个性、喜好,据此可以判断其为人。一般来讲,喜欢流行发型的人,性格活泼开朗,适应能力强;蓬松的、爆炸式的发型,意在突出自己,吸引他人的注意。追逐时尚的人总是穿着流行服装,注意自身修养的人会根据自己的实际选择自己的衣服。有强烈吸引他人注意欲望的人会一味浓妆艳抹;而性格稳重、知识修养较好的人往往是淡妆。性格外向的人喜欢明亮的颜色与流行时髦的样式;性格内向的人喜欢深沉的颜色与四季通行的样式,不过分追求装饰自己。

小贴士 ▼

查证照与本人时的五官特征比对

第一,看眼眉有何特征,是哪种类型,眼眶的形状大小,眉毛的形状是粗还是细,颜色是浓还是淡,走向是上翘还是下垂。

第二,看嘴的类型,因目光接触后就要开口说话,目光自然落到嘴上。嘴是大还是小,嘴唇是薄还是厚,牙是外露还是内收。

第三,注意观察鼻子,特别要注意其特征,是高还是平。

第四,注意耳朵的形状,是大还是小,耳郭是外扩还是内收,有无特别之处。

第五,要注意脸上有无明显特征,如黑痣、伤疤等。

(二)通过言语、动作观察

"言为心声"。言语是了解一个人内心世界和性格特征的重要途径。比如,文化修养较高的,说话比较准确、文雅;支配欲强的人,爱抢话头等。作为民航服务人员,要善于根据民航旅客说话的情境、言语的表达方式、音量、音速、措辞等,听懂对方没有说出来的言语,认知民航旅客的心理。

身体动作包括走姿、头姿、站姿、坐姿等身体的各种姿势。它们更能直观地反映人的内心世界。比如,握手已成为民航服务业不可缺少的礼节,通过握手的方式和力感,可以反映民航旅客的心理特点、性格特征。力度很大的比较外向和自信;一边握手一边注视你的,是一个不易妥协的人等。

打开对方心扉最简单的方法是握手,针对握手的效果有个有趣的实验。

实验中,让接受实验的人以下述3种方法见面。

1.蒙住眼睛,只进行交谈。

2.蒙住眼不交谈,只握手。

3.不交谈也不握手,只是互相看对方。

然后询问对见面人的印象,结果是:①给人"有距离感"、"形式化"的印象。③给人"冷淡"、"蛮横"的负面印象。②中蒙住眼不交谈只握手的方法,给人"热心"、"值得信赖"等好印象。接受实验的人有半数以上回答还希望见面。

相关
链接

(三)通过行李、用具、生活习惯观察

1.观察旅客的行李用具

通过对民航旅客行李用具的观察,判断民航旅客的身份、职业,以提供恰当的服务。

2.观察旅客的生活习惯

每个人都有因长期生活或民族、信仰而形成的风俗习惯和生活特点。如果民航服务人员能较为准确地判断旅客的生活习惯,就可以避免因不了解生活习俗而错误服务的难堪了,服务质量也会更上一层楼。

图10-2

第二节
注意能力

在民航服务中,积极地、正确地发挥注意的心理功能,对及时、优质地为民航旅客提供服务具有重要意义。

一、什么是民航服务人员的注意能力

(一)注意的含义

注意是心理活动对一定对象的指向与集中。我们通常所说的"专心致志"、"聚精会神"主要就是指"注意"。注意是心理活动的重要特性,但不是独立的心理过程。我们通常所说的"注意黑板"、"注意这段音乐",意思是"注意(看)黑板"、"注意(听)这段音乐"的意思。民航服务人员的注意能力,是指服务人员在工作中,把心理活动定向和集中在民航旅客身上的能力。

(二)注意的特点

注意有两个相互联系不可分割的基本特点,即指向性和集中性。

注意的指向性是指人的心理活动在某一时刻指向一部分对象,而离开其他对象,表现出心理活动的选择性。例如,在看小说时,你的心理活动就指向了小说中的故事情节,对周围发生的一切往往熟视无睹。当我们为民航旅客提供服务时,全部心理活动都指向正在接受服务的旅客,而其他的旅客就变得模糊起来。注意的指向性不同,人们从周围环境中获得的信息就不同。

注意的集中性是指人的心理活动不仅指向某种事物,而且还能保持在这一对象上,并深入下去。集中性使个体的心理活动不仅可以离开无关事物,而且对无关的活动进行抑制。例如,上课时,听课、看课本、记笔记集中于学习对象上,而对周围人的说话声音充耳不闻;民航服务人员只有集中注意并细心观察,才能为旅客提供全面、贴心的服务。

▶不客气,这是应该的

读一读

一次,我执行从海口飞往广州的航班,一位旅客按呼唤铃,要求我给他找一份《海南日报》。可《海南日报》已经全发完了,于是我为他拿来了一份《广州日报》,带着抱歉的语气向他做了解释,谁知他很生气地接过报纸,翻了两下就放到座椅前的口袋里了。看着他一脸不悦的神情,我心里非常难受。

飞机起飞了,我一直注视着刚才那位旅客,我发现他好像很不舒服,一会儿伸手转转上面的通风口,一会儿又转转旁边座位上方的通风口,最后抱着膀子坐在座位上。一定是他感到空调太凉了,于是我赶紧走到他面前,亲切地问:“先生,您是不是感觉空调有点凉啊?我给您拿条毛毯吧!”他看到我,愣了一下,点点头。我立即取来毛毯递给他,他轻声地说:“谢谢!”我心里舒坦了好多,虽然他怒气消了一点,但我的目光仍然始终不自觉地落在他身上。送饮料时,看他喝得很急,我断定他一定很渴,于是我又主动倒了一杯给他送上去:“先生,您一定很口渴吧,我又给您倒了一杯,您慢用,如果不够的话请随时按呼唤铃呼叫我,我再给您倒。”我边送水边说道,他有点惊讶地看着我,接过那杯水,并连说:“谢谢,谢谢,我的确很渴!”我连忙说:“不客气,这是应该的。”那位旅客简单的“谢谢”两个字温暖了我整个人。当我得知他想喝杯黑咖啡时,我又立即为他冲调好一杯香浓的黑咖啡,他诚恳地对我说:“对不起,一开始我向你要报纸的态度不好,请不要在意。我以为你们只会偷懒,还找许多借口来糊弄旅客,但是我现在断定,你不是。小姑娘,希望你能继续这样坚持工作下去,继续用你的诚心、细心、热心和亲切的态度为其他旅客服务,好吗?”

由于注意可以使我们清晰地反映事物,提高认识活动的效果,因而它是顺利完成各种活动的重要条件。

(三)注意的功能

注意是心理活动的重要特性,是心理活动顺利进行的重要条件。具体来说,注意有三种功能。

1.选择功能

人脑的信息加工能力是有限的,在同一瞬间,只能加工部分信息。注意的选择功能使大脑选择那些重要的信息进行加工,同时排除其他信息的干扰。

2.维持功能

所谓维持,就是将心理活动维持在一定的对象上,并保持一定的强度。这是人脑进行信息加工的必要条件。

3.调节功能

当人脑的信息加工从一个对象转移到另一个对象时,注意可以使这种转移能够顺利完成,这就是注意的调节功能。

(四)注意的种类

根据注意的目的性和维持注意是否需要意志努力,可以将注意分为无意注意、有意注意和有意后注意。

1.无意注意

无意注意是事先没有预定的目的,也不需要付出意志努力的注意,又称不随意注意。例如,在安静的客舱里,突然一位旅客惊叫起来,大家都会不由自主地向他望去。刺激物的特点和个体的主观状态是无意注意产生的基本条件。

个体主观状态中的许多因素影响着无意注意的产生。其中,个体的需要和兴趣是最主要的。能满足个体的需要,符合个体兴趣的事物就很容易成为注意的对象。此外,良好的心境、饱满的精神状态也可促进无意注意的产生。

2.有意注意

有意注意是事先有预定的目的,需要付出意志努力的注意,又称随意注意。例如,民航值机员按照有关规定和要求观察旅客时所表现出的注意,就是有意注意。有意注意的引起和维持是一系列心理因素共同作用的结果。

3.有意后注意

有意后注意是事先有预定的目的,但不需要付出意志努力的注意。

小贴士 ▼

提高注意力的方法

1.利用奖惩机制。把繁重的工作分成几段,每段时间达到目标都给予一定报酬,对增进注意力有一定帮助。有时,惩罚也能收到良好的效果。比如,先假设一个强劲的对手,为打败这个对手就需要不断鼓励自己。

2.利用积极的自我暗示。常持乐观的看法,是去除杂念、集中注意力不可缺少的要素。相信明天一定有好事,即使当天情绪低落,运气很差。

3.养成每天看小东西的习惯,称之为"凝视法"。首先,从身边的小东西挑选一种,如钢笔或橡皮等,一旦觉得厌烦时,马上闭上眼睛,在脑海中回想刚才见过的东西,并且要从各方面去回忆。结束以后,便换另一种。这种方法可随时随地进行训练。

4.事先把闹钟调到限定的时间上。事先有个计划,然后把闹钟拨到指定的时间,然后开始做功课。这时,应把闹钟放在自己看不到的地方。刚开始时还可知道大概时间,但随着越来越接近结束时间,心理也愈紧张,不知道时间且又紧迫的情形下,便能发挥注意力,一口气干到底。但不可常常利用,一天利用一次即可。

5.看书或听课时,抱着向别人说明内容的态度,以提高注意力。周围的人都可成为训练自己注意力的对象。

二、民航服务人员良好注意力的表现

(一)注意的稳定性与持久性

民航服务人员注意的稳定性与持久性是指在民航服务过程中,服务人员的注意在一定事物上所能持续的时间与稳定性。旅客需要我们提供服务,而且每一位旅客所需要的服务又不尽相同,我们要避免工作中的差错,为旅客提供满足其要求的高品质的服务,就需要保持自己注意的稳定。要提高民航服务人员注意的稳定性与持久性,需要做到以下几点。

柱子是方的还是圆的?

图10-3

1.明确服务工作的意义

民航服务人员对自己的服务工作的意义理解得越透彻,完成任务的愿望就越强烈,就越能将注意力稳定地集中在正在进行的服务上。

2.提高对本职工作的兴趣

俗话说,"兴趣是最好的老师。"一名民航服务人员对自己的服务工作的兴趣越是浓厚,就越能鼓舞自己努力去完成任务,从而也能提高注意的稳定性。否则,就很难高度集中自己的注意力。

3.注意排除各种干扰

人的注意力常常会受到其他事物的干扰,注意力会被分散。所以,要长时间注意某一事物或状态时,需要与注意力的分散作顽强的斗争,才能做到排除各种干扰。请注意

图10-3几分钟,可以看到,一会儿是方柱,一会儿是圆柱,无论怎么力图稳定自己的注意力,也难以不在两种图形中转换。由此可见,注意就意味着要排除干扰。民航服务人员要具备良好的注意能力,就更需要服务人员用意志力去排除各种干扰。只有保持了工作中注意的稳定性,才能避免工作中的差错,提高服务质量。

相关链接

▶水果刀化身"金钥匙"难逃乌鲁木齐机场安检

一天,在某机场T2航站楼安检查出一起旅客随身携带钥匙形状的水果刀乘机事件。当日下午14点乘坐MU2770的旅客正在接受人身检查,旅客张某将随身行李放在检查机器上后,又把手机、钥匙、香烟等物品放在检查盒中过X光机检查。突然屏幕上显示的"钥匙"图像引起了检查员的注意,随即通知开包员进行开包检查,开包员待旅客张某接受完人身检查,要求看看他的钥匙。接

图10-4

过旅客的钥匙看后,发现有一把金色的"钥匙"特别厚,仔细看过后发现原来是一把钥匙形状的水果刀。安检人员在向该旅客解释相关规定后请旅客扔掉水果刀。

(二)注意的范围性

注意的范围性是指在同一时间内服务人员所注意的对象的数量。民航服务人员注意的范围大小与做好服务工作有着密切的关系。例如,在机舱、候机室,众多的民航旅客要求民航服务人员扩大注意范围,做到眼观四路、耳听八方,对民航旅客的表情、手势、言语能马上作出回应,及时给他们提供热情的服务。如果民航服务人员注意范围小,就会出现旅客多次招呼,服务人员也看不见,从而让民航旅客对服务人员产生服务意识和服务质量差的印象。注意范围的大小和个人的知识经验有关。一般来讲,对于越熟悉的东西,注意的范围就越广。

(三)注意的分配性

注意的分配性是指民航服务人员在一定时间内注意力分配到两种或者几种不同的动作上。例如,民航服务人员在为民航旅客送饮料时,同时也要注意他们的动作和姿

态,以避免把饮料洒到民航旅客身上。

(四)注意的灵活性

注意的灵活性是指民航服务人员能够灵活地分配注意力,根据需要及时将注意力转移到新的对象上去。民航服务人员不是只满足民航旅客的一种需要,也不是只满足一个民航旅客的需要,这就要求民航服务人员的注意要具有灵活性,在解决民航旅客的需要和困难时,能迅速发现其他民航旅客的需要,以便及时为他们提供好服务。

▶空乘人员的服务片段

起飞五分钟之后,内场乘务员开始进行广播,外场乘务员就要开始发报纸、发果仁、发纸巾,对一个半小时以上的航班还要发餐前饮料,接着就要开始供应餐食,然后再发一遍饮料,再加一遍饮料,这时,差不多就可以收餐盘了。

干完这些活,有的航班还要发纪念品、发入境卡、海关申报单、健康申明卡等,有时还要帮旅客填写这些表格。

所有这些环节都结束之后,就该拿着托盘巡视客舱了。看看旅客是不是还有别的需要,是不是还要饮料,是不是还有什么要收走的,帮睡着的旅客关掉阅读灯和通风口,给他们披上毛毯,递上枕头。看看刚刚醒来的旅客是不是需要进餐,看看客舱里是不是有垃圾,要随时注意清除。还要注意观察旅客有什么需要,最好在他们向你提出之前你就可以看出来,帮他们解决问题……飞机将要下降时,又该进行安全检查,提醒旅客系好安全带、调直椅背、收起小桌板、拉开遮阳板、看看行李架是否扣好、紧急出口和通道是否有行李的摆放等。直到这个时候,乘务员才可以坐在自己的座位上休息一会儿。

读一读

综上所述,良好的注意能力是民航服务人员应该具备的一种心理品质。如果民航服务人员没有良好的注意能力,往往会影响工作效率与服务质量,有时可能还会带来极大的经济损失甚至安全事故。

第三节
表达能力

民航服务人员在给民航旅客提供服务的过程中,仅有真心和诚意是不够的,还需要用亲切而温暖的语言和表情把自己的真心和诚意表达出来,让民航旅客感受到温馨、体贴和受到尊重。民航服务人员表达能力的强弱直接关系到民航服务的成败、关系到服务质量的高低。

一、什么是民航服务人员的表达能力

表达能力是指人们在与人交往时运用语言、表情传递有关信息的能力。民航服务人员的表达能力是指民航服务人员在与民航旅客进行交往时运用语言、表情传递有关信息的能力。

读一读

▶一位空乘服务人员的日记片段

前不久,收到了一位旅客的来信。诸多感谢的话语已不太记得,但有一句话令我印象深刻:"她就像在对一个朋友说话……一下子拉近了我们之间的距离。"其实那天航班上我与他并没有过多地交谈。由于是中午的航班,B737客舱内空调系统又不太好,使得原本拥挤的航班显得更加闷热,这些也使他的心情变得非常烦躁和不安,当他怒发冲冠地向我发泄他的不满时,我没有说太多,只是认真地倾听了他的抱怨,用关切的眼神看着他,以一种朋友的心态去理解他,我用脸上的表情告诉他:"朋友,我明白,我知道您很难受,我将竭尽所能去帮助你。"最后我对他的说法表示了认同与理解,然后以一种聊天式的轻松口吻向他说明了原因,并为他及时送上一杯冰凉的饮料,帮他打开头顶上方的通风口,这些简单的动作和语言却深深地打动了他,也让我们成了朋友。"朋友"——多好的字眼!我深深地感谢那位李姓旅客,他读懂了我的服务。把旅客当做朋友——这正是我工作的准绳及追寻的方向。

民航服务人员朋友式的口吻和关切的眼神、体贴的动作,把对民航旅客的理解和关心的信息准确地传递给了对方,打动了民航旅客,服务工作也就得到了旅客的肯定。

二、如何提高民航服务人员的表达能力

提高民航服务人员的表达能力可以从表情和语言两方面入手。

(一)民航服务人员的表情

图10-5

民航服务人员的表情包括服务人员与旅客交往时的表情,如态度、手势、目光等。民航服务人员对旅客的态度应该真诚、热情、谦和,既不能卑下,也不能傲慢、忽冷忽热。

舒展的表情和目光交流是任何人都可以用来说服别人的两大工具。民航服务人员在与旅客交谈时,表情要自然,不能心不在焉、左顾右盼,也不能有打哈欠、玩指甲、搔痒、挖耳、压指节等不雅观的行为。在与民航旅客交谈时,为增强表达效果可加入适当的手势,但动作一定要适度,不能过大,甚至手舞足蹈或用手指人。在与民航旅客交谈时,民航服务人员还要注意自己的目光。眼睛的功能不仅是"看",还能体现一个人的修养、道德和情操。民航服务人员的眼神和目光要柔和、亲切友好,目光距离应该在离民航旅客1米到2.5米之间,高度应该与民航旅客的目光在同一水平线上,切不可用目光在民航旅客身上或脸上乱扫,目光也不能总盯着民航旅客的眼睛,其最佳位置应该在民航旅客两肩外侧10公分,头顶上方5公分,胸部横线范围内活动,否则就显得很失礼。民航服务人员应正确地使用自己的表情,能恰到好处地表达自己的情感。

(二)民航服务人员的语言

语言是民航服务人员与旅客交流的主要方式。西方的一位语言大师曾说,"世界如果没有温暖的语言,地球必将满是创口;人类如果没有温暖的语言,心灵也必将满是创伤。""良言一句三冬暖,恶语相向六月寒。"在给民航旅客提供服务的过程中,就是需要用温言暖语将我们真心诚意的服务传递给民航旅客。温暖的语言围绕在我们身边

时，便会收获彼此一脸的笑容与满身的温暖，而冰冷的语言，却会像一把尖刀，损伤尊严、打击心灵。大方得体的语言可以拉近人与人之间的距离，可以营造良好的交往气氛，可以增加彼此间的和谐。

在服务过程中自己要常常去用心揣摩每一句话每一件事，要用哪一种方式去表达，才更能让民航旅客感受到温馨和体贴。例如，民航服务人员在回收民航旅客餐盘时可使用询问语言："请问用过的餐盒我可以收走吗？""我能为您收走不需要的餐盒吗"？可是，通过对比我们就能很明显地看出后一种询问方式所说的话更能让民航旅客感到温馨、体贴，更人性化，体现出对民航旅客的尊重，这是服务内在价值的最佳体现。所以一名优秀的民航服务人员一定要注意自己的表达方式，要掌握处理问题时语言的艺术性。

图10-6

具体而言，民航服务人员对旅客的语言要做到：

第一，使用规范的或普遍认可的语言形式。发音要准确，用词要恰到好处，尽量少用专业用语。

第二，简明扼要地表达思想。与民航旅客交谈时要注意词意的准确和具体，如果是抽象词语，最好要把它们与人或事等方面联系起来加以说明，否则就容易使旅客听不懂或感到莫名其妙。

第三，通过定义、举例、比较等方式来表明自己的观点。这样可使自己的语言更加准确，增强自己观点的正确性和实证性。

第四，说话注意时间性。一是指民航服务人员与旅客谈话时要把握时间的长短，不要太长，以解答完民航旅客的问题结束谈话较好，谈话时间太长可能会引起不必要的麻烦，但又不能过短，否则会让民航旅客认为你没有耐心，是在敷衍他；二是指民航服务人员在与旅客谈话时，词汇要富于时代感，以利于与旅客的沟通。

第五，说话不能以点概面。民航服务人员与旅客说话时，要注意就事论事，语言表达上不能以点概面，把一个旅客的问题概括成旅客群体的问题，以避免引起不必要的误会。

第六，说话要有条理性。民航服务人员在与旅客交流时在表述上需注意条理性，不可杂乱无章。例如，要注意前后联系，注意归类，但不可随意简略词语，否则会让旅客无法理解意思或者发生理解错误。最好在与旅客谈论问题时，按时间、地点、人物、事件、因果关系等依次排列，不可东拉西扯。

第七,注意交谈的内容。一般不要涉及民航旅客个人的隐私、收入、履历、政治、宗教等。谈话时要注意交谈对象,避免触及特殊人群所敏感或反感的话题,如对女士不要谈体重、年龄;对残疾人不要谈身材、运动健美等。在谈话中还要避免轻易打断别人的话,实在不得已要插话,也应该事先用商量、请求的语气征询对方的同意,例如,"对不起,我可以打扰一下吗?"从而避免旅客对民航服务人员的工作态度、人品素质产生误解。

小贴士 ▼

如何练习提高表达能力

1.表达前,对相关知识进行必要的归纳、加工,条理化地整理出来。

2.如果你对内容还不是很熟练,表达之前,最好先把它写下来。

3.多应用"举手法则"。当有机会发言的时候,无论你是否已经准备好,请先举手再说。不要理会自己的发言有多么糟糕,不用理会糟糕的发言可能会令你有多么尴尬。记住,你是在执行一项自我修炼。

4.开会时,要尽可能坐在前排,这样你会有比较多的机会发言。

5.学会讲故事是另一个简单实用的方法。

6.如果你还想做得更出色,你可能要接受专业一点的训练。

7.模仿是学习最快的方式之一。找几位你比较欣赏的专业演讲家、名人的录音、录像,反复模仿。不但要模仿声音,连语调、语气、语速,肢体语言、目光语言等,直到完全拷贝。此时不要有太多的杂念,想着要有自己的风格等,因为你还在学习阶段,需要的是兼收并蓄,先做一个好学生,一个出色的演员。

第四节
劝说能力

在民航服务人员的工作能力中,劝说能力是一种不可或缺的能力。从某种意义上讲,民航服务人员工作能力的强弱,主要表现在能否很好地处理服务过程中的矛盾。而服务过程中的矛盾处理得好坏,又往往取决于民航服务人员的劝说能力。因此,民航服务人员的劝说能力是衡量其实际工作能力的标准之一。

一、什么是民航服务人员的劝说能力

民航服务人员的劝说能力是指民航服务人员在服务过程中,通过劝说使旅客的态度有所改变的能力。

民航服务业是与人打交道的行业,而且民航服务业比其他服务业制定的相关规定更多更细更严格,又常常会受到许多不可抗力的影响,变数很大,所以与民航旅客之间的矛盾冲突常有发生。这个时候,民航服务人员认为只需把相关规定或情况告之旅客就行了的想法和做法都是错误的。劝说不是告之,也不是单单会讲,而是要靠服务人员从改变民航旅客的原有认知因素开

图10-7

始,使旅客接受民航服务人员的劝说中所传递的新的认知信息,从而改变态度。如果一名民航服务人员的劝说能力不强,不能改变旅客的认知因素,不仅无法改变旅客原来的态度,甚至还可能引起民航服务人员与旅客之间的争吵,从而影响民航的服务质量,进而影响航空公司的形象和声誉。

一个人的态度,无论是积极的还是消极的,在一定条件下都是可以转化的。一名优秀的民航服务人员的工作艺术就在于通过自己的劝说,能使原来脾气暴躁的旅客变得心平气和,冷静而理智;使原来与航空公司情绪对立的旅客变得友好,对航空公司的不信任变得信任等。从心理学上关于态度构成的三要素来看,主要有:认知因素的改变、情感因素的改变、行为倾向的改变。而其中认知因素的改变是关键,只有认知因素发

生改变,才会引起旅客情感上、行为上的改变。而旅客认知的改变很大程度上取决于服务人员的劝说。服务人员的劝说过程,实际上也就是服务人员通过各种方法作用于旅客,使旅客的态度有所转变的过程。

二、民航服务人员劝说的基本原则和技巧

民航服务人员不仅要懂得劝说在民航服务工作中的重要意义,还要熟练掌握劝说的基本原则和技巧,使自己的劝说能发挥积极的作用。

(一)劝说的基本原则

1.热忱

当旅客自身利益因种种因素受损或需要没能得到满足而态度消极时,民航服务人员应该态度热忱,热情主动地帮助旅客,向旅客讲清导致让他们利益受损或需要无法得到满足的原因,以获得旅客的理解。如果民航服务人员的劝说缺乏热忱,就不能赢得旅客的信任和理解,更无法改变旅客原有的认知。热忱是劝说的关键。

相关链接

卡耐基的办公桌上摆了一块牌子,他家的镜子上也挂着同样一块牌子,巧的是麦克阿瑟将军在南太平洋指挥盟军的时候,办公室墙上也挂着一块牌子,上面都写着同样的座右铭:

你有信仰就年轻,

疑惑就年老;

有自信就年轻,

畏惧就年老;

有希望就年轻,

绝望就年老;

岁月使你皮肤起皱,

但是失去了热忱,

就损伤了灵魂。

这是对热忱最好的赞词。培养发挥热忱的特性,我们就可以对我们所做的每件事情加上火花和趣味。

2.共情

共情即同理心,将心比心。共情是指民航服务人员在劝说旅客时,要设身处地为旅客着想,主动为旅客提供服务,使他们从心理上、情感上愿意与服务人员接近,从而促进其情感上和心理上的沟通。这样,民航旅客就容易自觉自愿地改变自己原来的看法和对立情绪,接受民航服务人员的劝说。

3.真实

民航服务人员在对旅客进行劝说时,所说的一定要是真实的,切不可欺骗旅客。欺骗是违背诚信原则的,而且,一旦被旅客觉察到,旅客在心理上就会产生受辱感,会增加不信任感,情绪也会马上对立起来,消极态度也会加深,甚至可能导致行为上的冲突。

(二)劝说的技巧

1.针对性

民航服务人员劝说的针对性,一是指针对民航旅客谈话的内容。民航服务人员在听了旅客的谈话后,要针对谈话内容,确定旅客谈话所反映的主要问题,然后对其进行有的放矢地劝说。二是指针对不同类型的民航旅客。民航旅客的成分是多种多样的,性格、脾气、身份、职业均不一样,这就需要民航服务人员针对旅客的不同类型,用不同的方式进行劝说。如果这位民航旅客气质类型属于胆汁质,易于冲动,火气较盛,服务人员就要用较为谦恭的语气进行劝说,并耐心地等待他的火气消退;假如这位民航旅客的气质类型属于抑郁质,服务人员的劝说就要帮助他分析利害关系,多从事物的正面去看待;假如这位民航旅客是论理型的人,逻辑严密、头脑清楚,那么,服务人员可以用论理方式对他进行劝说;假如这位民航旅客知识水平不是很高,服务人员的劝说可主要表现出理解和同情,而主要可以体现在行动上的关心和照顾。

2.换位法

民航服务人员使用换位法也可分为两种,一是将自己换到民航旅客的角度去思考,理解旅客所受的麻烦和困扰,拉近服务人员与旅客心理上的距离,这样可以使劝说更能为其所接受。二是在劝说时,引导民航旅客用换位思考法,从另一个角度,用另一种方式来思考,从而得出与原来不同的新的看法,对航空公司、民航服务人员能设身处地加以理解。这样,双方都能作换位思考,就更容易相互理解,化解怨气和怒气,以达到情感上的一致。

▶换位思考是服务工作的法宝

读一读

　　1月2日,当我执行CA1562航班时,由于CA1538航班取消,致使几十名旅客在不明原因的情况下滞留南京机场几个小时,耽误了行程,旅客因此产生了极大不满。后来,由于我们的真诚服务,终于得到了旅客的谅解,化解了矛盾。这使我们感到由衷的欣慰,这件事也让我受益很多,感慨万千。

　　作为一名工作了多年的乘务人员,我深知此项工作的辛酸与甘苦,同时也在不断积累工作经验,争取做得更好,因为优质服务是永无止境的。在工作中,我感受最深的是"换位思考":当遇到矛盾时,如果站在他人的角度去看、去想,服务自然就有了亲和力,矛盾也比较容易化解。CA1562航班上发生的事也正好印证了这句话。尽管时代的发展,科技的进步,通信工具的日新月异,为人类提供了许多方便,但在许多时候,人们还是需要坐下来,面对面地交谈、沟通,以缩短彼此间的距离,于是很多商界人士选择了快速便捷的民航器。在国内,很多人会选择早去晚归的方式,利用一次晚宴,解决重大商业问题。我们的航班上就有许多这样的客人。因此,航班的延误、取消,势必会给他们带来诸多不便。在这个时候,空中的服务工作稍有不周,就会引发矛盾,1月2日的情况正是如此。可谓"一石激起千层浪",很多旅客要求我给予解释、道歉,其实我也觉得委屈,我们机组人员并不知道CA1538取消一事,而且我们当值的CA1562是正点离港,我们只要做好机上服务工作,让旅客安全舒适抵达目的地就算完成了任务。但我深知,我代表着国航,尽管不是我的错,我也必须尽力做好解释工作。经过我的一番努力,客舱里平静了许多,在飞机着陆前,一位旅客的话让我感动。旅客说:"其实,我也知道取消航班与你无关,你也挺委屈的,可从那个航班取消到上机,始终没有人给我们一个合理的解释。我就是要说,一吐为快,就因为你是国航的。"这说明我的工作没有白做,得到了客人的理解。

3.耐心

　　民航服务人员要懂得一个人的某种态度形成后往往不会是只因几句话马上就可以转变的,它需要一个过程。所以,民航服务人员在劝说时,一方面要有锲而不舍的精神,反复不断努力;另一方面还需要耐心地、仔细地倾听民航旅客意见,尽可能地对他们的各种疑问、质询作出让其满意的回答。要相信绝大多数民航旅客并不是蛮横不讲理的人，只要我们用足够的耐心去劝说他们，同时提供好相应的服务，终究会打动旅客，化解他们的不满情绪。

4.语言要慎重，语气要委婉

心理学知识告诉我们，每个人都有被肯定的需要，喜欢被赞美、恭维，而对告诫、埋怨、批评的话自然地采取排斥态度。民航服务人员在劝说旅客时不能疏忽旅客的这一心理。所以出言要慎重，绝不可使用教训的口吻指责旅客。我们不要忘了客人是来花钱买服务的，也就是享受服务和获得快乐的，不是来开展"批评和自我批评"、"接受再教育的"。"认错"对于客人来说绝不是一件愉快的事。而我们服务的目的就是要让客人高高兴兴地来，高高兴兴地走。民航服务人员不仅使用一般词语时要慎重，而且对事情的定性或对某事物表态时更要慎重，要多加思考，要考虑旅客的心理承受力，使旅客能够接受。在拒绝客人时，使用否定句的影响是强烈的，会给客人留下不愉快的印象。切忌直接向客人说"不"，要使用委婉的语句。例如，"请不要在这儿吸烟"与"对不起，这儿是不能抽烟的"这两句话，表达的内容虽然相同，但后者的语气显得更柔和一些。又如，把"等一下"改为"您能等我一下吗"等。

5.注意劝说的场合

每个人都有自尊感，也就是通常所说的"面子"，民航服务人员在劝说时，要考虑劝说的场合，尤其是针对旅客明显存在错误观点时的劝说，最好找一个较安静的、人员较少的场所进行。这样劝说也才能更容易有效果。

读一读

▶**一封感谢信**

广西航空公司客舱部乘务队收到一封来自辽宁省的信，队领导拆开一看，是一封感谢信，上面这样写道：

我是辽宁的乘客，在2002年12月20日上午乘坐贵公司由桂林飞往北京的飞机，航班号为8911。登机前几幅扇子遗落在桂林出租车上，当时我很着急……该航班乘务长非常耐心地给我解释，并在到达北京后，积极帮助我联系桂林那位出租车司机，同时，在她返回桂林后，利用个人休息时间，找到出租车司机，个人补足邮费将扇子寄给了我。在此，我对乘务长表示感谢!同时，希望贵公司对乘务长的敬业精神和乐于助人的优秀品格给予表扬。

这是怎么回事呢?原来，事情发生在12月20日8点钟，8911航班在旅客全部登机后准时关了舱门，乘务员正对机上各项安全规定进行落实检查。这时，第7排有一位旅客正在打电话，乘务长劝解说："先生，机舱门已经关了，飞机马上就要起飞,飞机起飞时是不能打电话的,为了安全,请您把手机关机。"该旅客不仅不关机,还强硬地说:"你们只要再给我一点时间,我就可以把事情办好,你们怎么这样死板。"乘务长耐心地解释说:"飞机起飞时打电话会严重影响飞机上的电子设备正常工作,进而影响飞行安全。要您关手机是为了您和大家的安全,您个人的事,待飞机起飞后再告诉我,或许我能帮上一点忙,现在您必须关掉手机。大家都要回到各自的座位,系好安全带,等待飞机起飞。"该旅客很不情愿地关了手机。

飞机起飞后,乘务长来到该旅客身边了解情况。原来,该旅客是到桂林旅游的,在桂林买了几幅桂林山水画的扇子,想把桂林的山水带回去当做纪念。由于赶乘飞机太急,在机场下出租车时,扇子放在车尾厢内忘了取出,当想起扇子时,出租车已经开走了。于是他想通过手机联系司机,请司机将扇子送回机场。了解情况后,乘务长安慰旅客道:"请您放心,我尽力帮您。"并记下了出租车司机的电话号码和旅客的地址。

飞机在北京着陆后,乘务长与司机取得了联系,确定了扇子还在出租车上时,就立即将消息告诉了该旅客,并表示一定要帮他把扇子找到。乘务长执行完8912航班,从北京返回桂林时已经是下午3点钟。到家后,她没来得及休息,立即与司机联系,并约定在广航花园门口碰面。那天正好桂林降温,外面刮着大风,她在寒冷的大风里等了近半个小时。3点30,出租车司机终于来了,拿到旅客的遗失物后,她心里的那块石头才放下。接着,她叫与她同航班的另一位乘务员一起坐出租车到邮局把扇子寄了出去,并打长途电话通知旅客查收。这时已经是下午4:50了。

后来,有人问她为什么这样做?她说:"没有为什么,我是一名乘务长,为旅客排忧解难是我的本分,我又是一个桂林人,桂林人希望世人都了解桂林的山水美。其实,我们乘务队人人都会这样做。"

总之,民航服务人员的劝说工作是民航服务工作不可缺少的一环。是否具有较强的劝说能力在某种意义上会直接关系到民航服务工作的成败。因此,民航服务人员要努力提高自己的劝说能力,对旅客要晓之以理,动之以情,以改变旅客的消极态度,取得旅客对自己工作的配合和支持,才能为旅客提供优质的服务。

第五节
倾听能力

　　心理学研究表明,人在内心深处,都有一种渴望得到别人尊重的愿望。倾听是一项技巧,是一种修养,甚至是一门艺术。我们在学校学习读、写、说,但我们从未学习如何倾听。倾听也许是所有沟通技巧中最容易被忽视的部分。

　　教育家卡耐基说:"做个听众往往比做一个演讲者更重要。专心听他人讲话,是我们给予他人的最大尊重、呵护和赞美。"每个人都认为自己的声音是最重要的、最动听的,并且每个人都有迫不及待地表达自己的愿望。在这种情况下,友善的倾听者自然成为最受欢迎的人。据一些专家和学者的研究报告,人们用于听的时间是读的3倍、是写的5倍,是说的1.5倍。甚至还有人指出,人们在互相交往或交流信息时,听的时间几乎占到了40%~66%。由此可见,"听"在交往过程中占有非常重要的地位。会听,不仅可以帮助我们正确理解说话人的意思,还会让说话人体会到自己被尊重的感觉。如果民航服务人员能够成为旅客的倾听者,就能清楚地知道旅客的需要,从而满足每一位旅客的需求。缺乏倾听往往导致误解、冲突和拙劣的言行,或者因没有及时发现问题而导致危机。

图10-8

　　学会倾听应该成为每个优秀民航服务人员的一种责任,一种追求,一种职业自觉。倾听也是优秀民航服务人员必不可少的素质之一。民航服务人员在服务工作中,不仅要会说,更重要的要会听。

读一读

▶侥幸逃生的民航旅客回家却上吊自杀

　　那是一个圣诞节,一个美国男人为了和家人团聚,兴冲冲从异地乘飞机往家赶。一路上幻想着团聚的喜悦情境。恰恰老天变脸,这架飞机在空中遭遇猛烈的暴风雨,飞机脱离航线,上下左右颠簸,随时随地都有坠毁的可能,空姐也脸色煞白,惊恐万状地吩咐乘客写好遗嘱放进一个特制的口袋。这时,飞机上的所有人都在祈祷,也就是在这万分危急的时刻,飞机在驾驶员的冷静驾驶下终于平安着陆,于是大家都松了口气。

这个美国男人回到家后异常兴奋,不停地向妻子描述飞机上遇到的险情,并且满屋子转着、叫着、喊着……然而,他的妻子正和孩子兴致勃勃分享着节日的愉悦,对他经历的惊险没有丝毫兴趣,男人叫喊了一阵,却发现没有人听他倾诉,他死里逃生的巨大喜悦与被冷落的心情形成强烈的反差,在他妻子去准备蛋糕的时候,这个美国男人却爬到阁楼上,用上吊这种古老的方式结束了从险情中捡回的宝贵生命。

思考:一个在飞机上遭遇惊险却大难不死的美国人回家反而自杀了,原因何在?

一、什么是民航服务人员的倾听能力

倾听是指有目的地、专注地听。民航服务人员的倾听能力是指在民航服务过程中投入自己的知觉、态度、感情等到"听"的活动中去,从而完整地接受服务对象传递的信息的能力。

在倾听的过程中,对方会因为自己传递的信息完整接收而感觉到被尊重、被关注和被理解。良好的倾听能力也是交流双方能否在同一平台上顺利进行语言交流的前提。在民航服务中,"听"主要体现在以下几个方面。

(一)可以增加信息

服务是一种信息沟通的过程,民航服务人员在服务过程中,要通过积极的听来获得大量的信息,以增长自己的智慧。

(二)可以减少误会

民航服务人员在服务过程中,如果不能做到积极的听,就有可能造成信息传播的失真或误解,因而与民航旅客之间产生误会。而如果服务人员能积极的倾听,就可以减少误会,减少不必要的冲突,避免许多无意义的争论和误会。

(三)可以优化关系

积极的倾听能加深民航服务人员与旅客之间的沟通,如果彼此都能积极地听,就能正确地理解对方的心愿和要求,从而达到情感的相互沟通,使双方的关系保持融洽。

(四)可以得到及时回报

民航服务人员在服务工作中,积极地倾听,能让旅客能充分地表达自己的意思,会让旅客觉得自己受到了尊重,旅客会以同样的态度来对待我们。另外,积极地倾听也会让旅客觉得民航服务人员更值得信赖,从而会积极地配合我们的工作,使我们的服务工作更加顺利。

读一读

▶ **看看下面的特征,你经常会出现哪些情况**

1.不全神贯注,心不在焉。

2.在与别人交谈时会想象自己的表现,因此常错过对方的谈话内容。

3.当别人在说话时,常常允许自己想别的事情。

4.试着去简化一些听到的细节。

5.专注在谈话内容的某一细节上,而不是在对方所要表达的整体意义上。

6.允许自己对话题或是对对方话题的看法,去影响对信息的评估。

7.听到自己所期望听到的东西,而不是对方实际谈话的内容。

8.只被动地听对方讲述内容,而不积极响应。

9.只听对方讲,但不了解对方的感受。

10.因个人的小偏见而分心。例如,有人可能习惯说脏话,或做出一些你不喜欢的举动,或许你就容易被某种腔调激怒。

11.在未了解事情的全貌前,自己对内容作出了判断。

12.只注意表面的意义,而不去了解隐藏的意义。

13.……

看了上面的现象,你可以看出自己是否是一个优秀的倾听者了。

二、如何培养民航服务人员良好的倾听能力

(一)听的言语技巧

1.适当要求旅客做进一步说明

为了更清楚地了解民航旅客的需要,在倾听的时候,民航服务人员有时可以鼓励旅客讲下去或对一些情况做进一步的说明。例如,“您还有其他要求吗”“请您讲下去”“您有什么特殊情况吗”等。这样的语言可以让旅客感觉到民航服务人员很亲切,

很关心他,从而增加对服务人员的好感,旅客自己的心情也会十分愉快。

2.适当提问

民航服务人员鼓励旅客把话讲下去的另一方法就是直接提问。通过提问也可以尽快地了解民航旅客的需要,从而为其提供相应的服务。例如,售票员要接受旅客订票时,主动询问旅客在餐饮上有无特殊需要等。

3.适当提供意见和经验

民航服务人员在倾听时可以针对旅客的询问或疑问提出自己的意见和经验。例如,旅客下飞机要了解城市的交通和住宿情况,服务人员可以给旅客加以介绍。

4.应答语要随时变换

民航旅客与民航服务人员说话时,民航服务人员要用应答语表示在倾听。或赞同、或肯定旅客的观点,应答语都要随时变化,否则就会给旅客的感觉是民航服务人员对他的话漫不经心,是在应付他。服务人员的答语可以用"是""明白了""好""对""我们会竭尽全力""很理解您的心情",等等。

5.复述旅客讲话的内容

在倾听民航旅客讲话时,要对旅客话语中的关键字、词、句进行复述,表明自己对旅客说话的理解。同时,也可让民航旅客知道自己说话的意思是否为服务人员所明白,从而避免因交流不畅而出现服务缺陷和麻烦。民航服务人员在复述时,要注意简明扼要,重点要对时间、地点、航班等基本信息进行复述。

6.对旅客的话语要进行解释或阐述自己的理解

民航服务人员在倾听旅客讲话时,不仅需要复述旅客讲话的内容,还需要用自己的语言对旅客说的话进行适当的解释和说明,以便向旅客说明自己的理解,达到与旅客的正确沟通,从而为他们提供满意的服务。需要说明的是,民航服务人员的这种解释和阐述是为了完全理解民航旅客的意思和意图,而不是阐述自己的观点或不同意见。

(二)听的非语言技巧

1.用目光注视

眼神往往最能真实地反映一个人的态度,旅客会从与他交流的民航服务人员的眼神中看出服务人员是否对他的话感兴趣。一般来讲,目光专注,说明是在认真听;目光转移,则表示没有认真听。民航服务人员在听旅客说话时,保持目光的专注,可以表明服务人员对民航旅客的意见或观点的关注或赞同,可以让旅客体验到尊重和受重视的感觉。

2.恰当地利用面部表情

民航服务人员的面部表情是讲话时旅客主要观察的目标。所以,民航服务人员的面部表情乃至头部的动作都显得非常关键。民航服务人员要利用好面部表情和头部动作，使旅客感到民航服务人员是认真而耐心地在听他讲话。例如，在倾听时，可以有微笑、扬眉、点头等动作。

3.用声音鼓励

在倾听旅客说话时，民航服务人员要恰当地用声音对旅客进行鼓励，如用"嗯"、"噢"、"对"、"是这样"、"我明白了"等表明服务人员在积极地倾听，在对旅客积极地关注。

4.运用适宜的身体姿态

民航服务人员在倾听旅客说话时，可用身体的活动、手势等来表示对其话语的倾听和理解。民航服务人员倾听时姿势既不能悠然自得或没精打采，也不必太过紧张。前者容易让旅客认为你漠不关心、傲慢等，后者容易让旅客感到你是心理紧张或不舒服。民航服务人员的身体要表现出开放型的姿态，表示乐意和有兴趣倾听旅客说话，如身体应该微微前倾、姿势轻松灵活一点。

小贴士 ▼

提高倾听能力的九种方法

1.相信倾听的重要性。如果我们意识不到多听一点别人对我们说的话的价值，那就完全没有必要劳心去改进这种创造性的能力。

2.予以注意。当别人讲话的时候，想象我们的眼睛充满活力地看着他们，不但让他感觉到自己受重视，而且有助于我们对顾客的理解。

3.对说话人的姿态和面部表情要予以关注。我们都不喜欢对一个没有情感的人说话，就是偶尔发出笑声，或者表示同意地点点头也是好的。就像打一个哈欠可以泯灭一个谈话者的积极性一样，一声会意的笑声足以产生鼓舞人积极性的力量。

4.绝不要寻找没有兴趣的话题去讨论。有创造才能的人总是关注新的和与众不同的信息。保持你的大脑开放，尽量接受新的思想。

5.避免对说话人抱有偏见。要注意讲话人说的话，而不要注意他讲话的方式。

6.边听边做简要的记录。当你过后重看这些记录的时候，它们能够唤起你的回忆并能把你带回到原来谈话的场景。

7.寻找说话人的目的，设法了解他的意图。

8.要认识到，我们"感情上的盲点"具有妨碍我们认真听别人讲话的倾向。这指的是常常能把我们推到错误思路上去的话语或思想。如果我们知道了这样的"盲点",我们就可以确定哪些是干扰我们情绪的话语和思想,彻底分析或者与一个好朋友或家庭成员讨论一番,然后根除它。

9.保持敏锐的观察力。倾听彼此都很感兴趣的方面,抵制精神涣散。想要让我们的思维迅速地集中在被说的事情上,应做三件事:反复思考听到的材料;提前思考,预期要被谈到的下一个方面;过后思考,扼要重述。

思考与练习

2011年5月22日,深圳天气从一大早就阴雨不断,大家心里也逐渐开始焦灼,一直关注着航班动态及天气情况,都在心里默默祈盼着今晚的航班能够顺顺利利,一切风平浪静。

"今晚将有8级暴风雨,航班严重流控,随时做好应对航班大面积延误处理的准备,值机科启动应急预案。"接到通知后,南航深圳分公司值机员一边认真办理登机手续,一边耐心跟旅客说明:"航班严重流控,起飞时间待定,请耐心等候,注意听候通知。"工作人员不厌其烦地跟每一位旅客解释,安抚着焦躁的旅客。

时间一分一秒慢慢过去了,而每分每秒在每一位旅客和工作人员的急切期盼和焦灼等待中也变得尤其漫长。此时此刻,外面电闪雷鸣,暴风雨肆意地袭击着这个城市,也袭击着每位旅客和工作人员的心。控制人员发来通知,5点以后的航班起飞时间全部待定。5点以后的航班有近30个,旅客开始变得不安,陆陆续续地在主任柜台徘徊、询问、等候。没多久,上百名旅客蜂拥而至,将柜台围堵得水泄不通。

角色扮演:若你是南航深圳地服人员,面对以下突发情况该如何做呢?

1.一位初次乘机且不明事理的壮汉怒吼了一句"航班不飞,我的工作都没了,你们一定要负责"!经验丰富的你马上解释:"＿＿＿＿＿＿＿＿＿＿。"话音未落,其他旅客七嘴八舌地问:"那我们怎么办,我们该去哪,行李怎么办,你们要赔偿!"顿时场面变得沸腾,壮汉更是暴跳如雷,气势汹汹地指着你,眼看就要出手打人了,还好后面有旅客将壮汉拉住了,你耐心地说:"＿＿＿＿＿＿＿＿＿＿。"

2.一位外籍旅客面色凝重……,你马上前去沟通,得知他突然感到身体极其不舒服,希望得到帮助。你应该＿＿＿＿＿＿＿＿＿＿。

第十一章

民航服务中的冲突、投诉与服务

学习目标

1.了解引起民航旅客冲突与投诉的原因。

2.懂得民航旅客与服务人员冲突及旅客投诉的一般心理。

3.学会应对与民航旅客冲突与投诉的基本方法。

案例导入

据《第一财经日报》报道:某航空公司航班因"机械故障"造成延误,导致133名乘客滞留在兰州中川机场9小时。焦急万分的旅客在漫长无望的等待中,没有得到航空公司任何一位领导对此事的解释。乘客对此非常不满,集体拒绝登机,要求得到航空公司的说法。据机场方面解释,当日该航空公司的航班,在起飞前发现有机械故障。航空公司出于安全考虑,当即通知乘客推迟起飞。"为了旅客安全"这样做一点儿没错。但旅客不明白的是:检修人员早干吗去了?为何不能提早发现,非要到飞机该起飞前才临时发现?为此,部分旅客将航空公司投诉至民航总局。

每一位民航旅客都希望自己能够在航空旅行中得到安全、周到、舒适的完美服务。事实上,往往因为民航的管理与服务水平、物质条件等差异引起不少的误解乃至冲突,有的航空公司和服务人员一而再、再而三地受到旅客的投诉。民航服务人员要实现优质服务,就必须充分了解引起民航旅客与服务人员冲突和旅客投诉的心理原因,全面掌握防止和处理冲突与旅客投诉的重要技巧,使民航服务工作能够做得更好。

第一节
冲突、投诉的原因

　　民航服务人员要能很好地应对与旅客的冲突和旅客的投诉,就必须了解和懂得引起冲突、投诉的原因。在民航服务中,引起与旅客冲突或旅客投诉的原因主要有客观和主观两方面。

一、客观原因

　　引起与旅客冲突或旅客投诉的客观原因主要有:航班延误;气候突变,临时改变降落地点,机场服务不到位;空中飞行时,旅客突发生病,救治条件有限;旅客的物品丢失等致使旅客内心不满,从而引发冲突以致投诉。

二、主观原因

　　引起旅客与民航服务人员冲突或旅客投诉的主观原因在于民航服务工作不到位。

　　民航服务人员对旅客应该始终微笑、礼貌、热情、周到。但有些服务人员往往因为做得不到位,就可能导致与旅客的冲突甚至引起他们的投诉。具体地讲,主观原因有:尊重不到位、沟通不到位、服务不到位、应急处置不到位等。其中,不尊重民航旅客是引起旅客与服务人员的冲突或旅

图11-1

客投诉的重要原因。民航旅客无论在售票处、候机厅、飞机上或是宾馆、餐厅都需要得到民航服务人员的尊重,这是每一位民航旅客的共同心理特点。

(一)尊重不到位

　　民航服务人员不主动称呼旅客,不主动接待旅客。有的民航服务人员甚至在工作时只顾忙私事,与同事聊天等。当旅客来询问有关事项时,服务人员态度冷淡,爱理不理,旅客多次招呼服务人员,服务人员毫无反应或答应简单的两三个字"没有""不知

道"，等等。

(二)沟通不到位

在民航服务中，一些民航服务人员不注意语言文明和表达方式，欠缺沟通能力，不会察言观色，不会变通处理，"与旅客一般见识"，缺乏忍辱负重的精神，由于较真而冲撞旅客，从而引起与民航旅客之间的矛盾与冲突。

(三)服务不到位

旅客总是期待热情、周到、细致和耐心的服务，而有些民航服务人员因为责任心不够或者经验不足，应该做的没有做，能够做好的没有做好，本该耐心而不耐烦，从而引起旅客的不满。

(四)应急处置不到位

例如，旅客疾病突发，如果耐心安抚不够、临时救治不好、善后处理欠妥，都会引起旅客及其亲属乃至其他旅客的不满，有的还可能引发冲突，严重的还会遭遇连续不断的投诉。

综上所述，引起旅客与民航服务人员的冲突或旅客投诉的两大原因中，主观原因占很大比重。无论是主观原因或客观原因，归根结底，都是因为旅客心理需要没有得到满足，旅客个人利益受到损害，从而引起旅客和服务人员冲突与旅客投诉。因此，要从根本上避免或解决这种冲突，关键在于服务人员的优质服务，解决旅客的困难、满足旅客心理需要和维护旅客的利益。

第二节
民航旅客冲突、投诉的一般心理与服务

一、民航旅客冲突及投诉的一般心理

引起民航旅客与民航服务人员冲突及民航旅客投诉的心理因人而异,但一般来讲有以下几种普遍心理。

(一)民航旅客要求尊重的心理

每个人都有维护自己利益的本能,都有不同程度的自尊心。当民航旅客的利益受到侵害,心理需要得不到满足,他(她)为了维护人格的尊严,为了维护自身的利益,必然要求致歉、补救、赔偿……他们更多希望得到的是尊重和公道。

图11-2

(二)民航旅客的发泄心理

当民航旅客感到自己的利益确实受到侵害,并且在一定的情况下无法挽回,加之相关的民航服务人员态度又不好,怨气必然会更大,有的甚至怒火中烧,对民航服务人员采取发泄、投诉的方式表达不满,使他们的心理得以缓释。

(三)民航旅客的求补偿心理

民航旅客确认自己在经济上或精神上受了一定的损失,向有关部门反映或投诉时希望能得以补偿,这是一种较为普遍的心理状态。

读一读

▶**航班延误旅客最想快成行　现金补偿是次要**

飞机是比较易受天气限制的交通工具之一。为了避免因航班延误而造成的不便,及时掌握旅客的赔付期望,日前,民航有关部门在千名旅客中做了一份关于"作为旅客,航班延误时您最期望得到什么?"的调查,共获得不重复投票1168张。调查结果发现,航班延误旅客并非最想得到现金补偿,更多的人希望得到的是及时成行、知情权、了解航班延误原因、获得必要服务。

调查显示,当航班延误时,37.24%的旅客最期望得到的是能更换航班或其他交通工具及时成行;18.71%的旅客希望获得更多的知情权,航班延误情况及时通报;17.86%的旅客希望获得现金赔偿;10.54%的旅客希望获知航班延误的真实原因;8.42%的旅客希望获知赔偿措施。旅客在航班延误时的期望,及时成行、知情权、了解航班延误原因、获得必要服务占到了73.72%。由此可以看出,航班延误时旅客最想得到的并非现金赔偿,提高服务水平才是真正解决航班延误旅客冲突的妙方。

国航的有关人士表示,在航班延误时,乘客与航空公司能否做到更好的沟通,是解决延误问题的关键。

二、处理民航旅客冲突与投诉的对策

(一)冲突发生的情况

旅客与民航服务人员发生冲突之时,双方都容易情绪化,并不是每一个民航服务人员的控制力都很强。尤其是在无端取闹、小题大做的情况下,就很容易出现伤害的语言,以致造成双方对立的状态。冲突就很可能发生。常见的有以下两种情况。

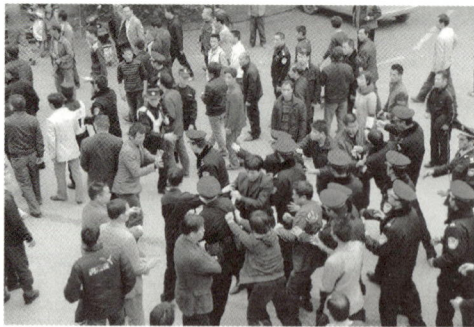

图11-3

1.合乎逻辑逐步推进的直线发展

民航旅客与服务人员似乎都按照各自的性格、脾气、思维方式等,进行轮番"异常冲突",你一句,我一句,兵来将挡,水来土掩、道高一尺、魔高一丈的方式直线上升的冲突。

2.狂风暴雨式的急剧发展

冲突的双方或一方,语言异常凶猛,动作异常粗野,冲突双方都憋足了劲,控制不了自己,不顾后果而采取冲动的行为。

(二)处理冲突的对策

根据冲突的这些特点,民航服务人员应该采取以下对策。

1.使双方脱离冲突

让冲突双方脱离肢体和语言上的冲突，这是缓和冲突较为有效的方法。当双方发生冲突时，其他人员应把冲突双方劝开，对他们分别加以安慰，并使他们中的任何一方离开冲突现场。对民航旅客要好言相劝，说明情况，但切记不可指责旅客的过错，以免刺激旅客，使矛盾激化，不利于缓和情绪。若冲突过于激烈，无法短时间内劝走旅客，可以先把与旅客发生冲突的服务人员替换下来，让服务人员先行离开冲突现场，以期缓和冲突。

2.第三者进行调解

其实冲突开始时，双方的冲突分歧并不大，若其中一方稍加让步，即可得到和平解决或协商妥协。然而冲突的双方担心对方利用自己的让步得寸进尺，或者把他的让步当做软弱、怯懦的表现，所以谁也不肯先让步。在争执过程中，有的人为了面子抬高自己，达到自己的某些目的，互相挖苦、辱骂、贬低对方，使得矛盾更加剧，事态更恶化。在这种情况下，双方已不可能进行协商，只有通过第三者进行调解，才能缓和冲突，达成妥协或解除误会。作为调解者，不能随意偏袒民航服务人员，即使服务人员有理，也需要耐心、冷静、善意对待旅客，切不可寻找理由，证明旅客的错误和过失。这样往往会引起更高层次的冲突，效果适得其反。

3.顺其自然发展

若冲突过于激烈，而且由于某种原因，民航服务人员无法"脱离接触"。可让旅客把话说完，不要打断他的话，更不要为自己辩解，认真倾听旅客说话。如果旅客感到你在听他讲话、没有不耐烦的表现，他就会平静下来，这样对和平解决问题有良性刺激。反之，若急于进行反驳，结果往往愈演愈烈。

4.让步

在双方实际利益发生矛盾的情况下，要想避免公开的冲突，只有妥协。当旅客盯着自身利益的时候，让他做出任何让步，他都会看做是自己的失败。民航服务人员要从本职工作的性质及职业道德出发，以良好的情感和心态去对待旅客，设身处地为旅客想，多考虑旅客的利益，否则心理不会平衡，更不可能做出让步和妥协。仅有让步和妥协还不够，有时还需要放弃自己的合理要求，只有这样才能做到真正的让步。作为民航服务人员，理应做出让步，使紧张的局面得以缓和，这种主动让步的态度，在大多数情况下能得到旅客的支持和谅解，并且能够体现出民航服务人员良好的情感与道德品质。

处理与旅客冲突的技巧

1. 细心"听教"。有些旅客的言辞具有攻击性,令你感到难堪,但他们能告诉你一些你不知道的信息,这些资料可能有助于机场改进自己的服务。抱着这种态度借此了解旅客心声,尽量向他们咨询详细资料。

2. 认清事实。所有冲突都含主观成分,旅客不会知道你在工作上付出了多少心力,当你认清这个事实,就可以心平气和地听取别人的意见了。

3. 先听后说。没等旅客说完就迫不及待为公司辩护,无疑是煽风点火。所以应让旅客先说完意见,再作回应。

4. 主力反击。不要对旅客的每点意见都作辩驳,宜集中处理最主要的冲突源头。

5. 忍气吞声。虽然有时候旅客也有不是之处,但你不宜进行驳斥,否则,事情会越闹越大。

6. 正襟危坐。如果你是面对面处理旅客的投诉,请注意你的身体语言,宜透露出你的冷静和自信。

7. 正面回应。听过投诉后,要向旅客做出正面的回应,如"多谢您的意见,我们会作为参考"。

(三)对旅客投诉的处理

我们应该知道,民航旅客的投诉事实上是真诚的表现之一。无论旅客投诉的动机如何,旅客面对问题采取投诉的方式,说明他们相信航空公司或者机场能够处理好问题;相信民航服务人员的能力,能把坏事变成好事。他们是希望民航服务人员改进工作的,客观效果上有利于我们做好工作,这也为民航的成长提供了契机。例如,旅客心中有怨,不是去投诉,而是将民航的坏名声、坏影响到处宣传,这样会更有损民航的声誉和形象。我们应该尽量避免工作上的差错和不良的服务态度,消除旅客心中的不满,赢得更多的潜在旅客。

民航旅客的投诉一般有两种,一种是书信或在意见簿上发表意见;另一种是旅客电话投诉或主动找上门来直接对话。

对通过书信或意见簿的投诉,通常在接到旅客的投诉信以后,应马上了解事实,若确实是我们的过错,应马上回信,赔礼道歉,以获得旅客谅解。

对电话投诉或直接来对话旅客的投诉,因投诉者一般是怒气冲冲地来倾诉他们的不满和愤慨的,对此,民航服务人员要做到以下两点。

1.必须做到诚恳耐心地倾听

民航服务人员必须耐心诚恳地倾听旅客的投诉,并且边听边表示同情,争取在感情上和心理上与投诉者保持一致,切不可还没有听完旅客的投诉就开始为自己或公司作解释、辩解;避免引起投诉者心理上的反感、情绪上的对立,使事态进一步扩大。旅客来投诉,心中有怨愤,不能发泄,他们的心理不会平静,不会舒服。服务人员应耐心

图11-4

地听旅客投诉,使本来暴跳如雷的旅客平静下来。同时,服务人员耐心地听其投诉,也可以弄清事情真相,以便恰当处理。

2.旅客投诉合理,应用诚恳的态度向旅客道歉

对于民航旅客投诉,我们不可置之不理,更不能认为,旅客投诉是他们"多事"或有意"找茬",和我们服务人员过不去,有这样的想法会致使矛盾激化进而影响民航形象。反过来讲,如果我们处处能使旅客满意,一般旅客不会来投诉;若我们工作上未出现差错和服务态度不佳,投诉现象便可避免。换个角度再想想,其实他们的投诉让我们更多地了解了自己工作上的不足和还需要改进的地方,是有利于我们更好地做好工作的,我们应抱着良好的心态接受意见。对于旅客的投诉,如果确实是我们的过错,应当面向旅客赔礼道歉,同时表示欢迎他们来投诉。这样做能使旅客感到我们重视他们的投诉,也满足了旅客的自尊心,为圆满处理好旅客的投诉铺平了道路,也维护了民航的形象。

读一读

▶飞机起飞那一刹那,我们已紧紧相连

某航空专修学院空乘精品班曾秋雨毕业后,被调入乘务队机关负责处理旅客投诉,她把自己所学的知识全部用在了工作中,并有针对性地制定出:做好心理准备、设法让旅客消气、对旅客的不幸遭遇表示同情与理解、确认问题所在、以最快速度解决、评估问题的严重性并分清责任和跟踪调查六种处理方式,设身处地为旅客着想一切细节。有一次,因为地面工作人员的原因造成了一位旅

客大动肝火并满头大汗地带着未消的情绪登机,她忙上前说道:"先生,您先消消气,有什么我可以帮助您的,您尽管提出来。"随后,她又赶紧送出准备好的湿毛巾给旅客擦汗,一杯及时的冰饮料,一个真诚的微笑和问候,顿时让旅客有了一种回到家的感觉,原本烦躁不安的情绪也渐渐消散,舒心、适意的感觉拉近了这位旅客与她之间的距离。她说:"出门在外谁也不愿意遇到不必要的麻烦,而一些客观原因也不是我们想看到的,我们乘务员又是公司的'窗口',旅客发脾气、有牢骚最先冲着我们。其实飞机起飞的那一刹那,客舱中,我们已经与旅客紧紧相连,这是种奇妙缘分……"一段朴实无华的话语体现出了她对这平凡岗位的真情奉献。

小贴士 ▼

对旅客投诉的沟通技巧

1.承认旅客投诉的事实而不是去辩解。

2.表示同情和歉意。

3.询问旅客要求并承诺采取措施。

4.感谢旅客的批评指教。

5.快速采取行动并纠正错误(如果不能够满足旅客要求,请提出备选方案供旅客选择)。

6.核查旅客满意度。

7.总结经验教训。

思考与练习

1.怎样正确对待服务过程中出现的差错?

2.引起旅客与服务人员冲突与投诉的原因是什么?

3.案例分析。

2010年6月的一天,本人在首都国际机场转机,走进二号候机楼的时候,在国内某大航空公司的值机柜台前,聚集了三四十人,在与当班的工作人员进行激烈的争吵,那场面快要达到白热化的程度,涌动的人群,有发生身体接触的可能性。

仔细听来,才知道事情的原委。原来,该批乘客乘坐该航空公司的飞机飞往包头。结果,乘客走下飞机4个小时,该航空公司未对其进行妥善的安排,对于续飞航班的飞行问题未做出让乘客满意的答复,由此产生语言冲突。面对乘客的"质疑",值机人员毫不客气,保护着自己的"尊严",争取自己的"平等权利",结果场面十分混乱。后来,公司某高层人员介入此事,立刻与旅客摆明道理,接着告诉旅客这种事情常常发生,然后道歉。旅客对这样的结果表示非常不满。

设想你是该航空公司工作人员,结合本章所学知识,分析这起事件的原因,并谈谈应该怎样处理这起事件?

参考文献

1. 林崇德. 发展心理学. 北京: 人民教育出版社, 1995

2. 张澜. 民航服务心理与实务. 北京: 旅游教育出版社, 2007

3. 邢帮志. 心理素质的养成与训练. 上海: 复旦大学出版社, 2002

4. 周晓虹. 现代社会心理学. 上海: 上海人民出版社, 1997

5. 时蓉华. 现代社会心理学. 上海: 华东师范大学出版社, 1989

6. 章志光. 社会心理学. 北京: 人民教育出版社, 1996

7. 胡卫东. 人际关系心理学. 沈阳: 辽宁大学出版社, 1995

8. 李灵. 心理健康教育. 成都: 电子科技大学出版社, 2007

9. 魏乃昌, 魏虹. 服务心理学. 北京: 中国物资出版社, 2006

10. 杜炜. 旅游心理学. 北京: 旅游教育出版社, 2006

11. 马莹. 旅游心理学. 北京: 中国旅游出版社, 2007

12. 田光中. 旅游礼仪. 成都: 西南财经大学出版社, 2001

13. 金正昆. 服务礼仪教程. 北京: 中国人民大学出版社, 1999

14. 陈祝平. 服务市场营销. 大连: 东北财经大学出版社, 2001

15. 张春兴. 现代心理学. 上海: 上海人民出版社, 1994

16. 洪美玉. 旅游接待礼仪. 北京: 人民邮电出版社, 2006

17. 曾力生. 旅游心理学. 长沙: 中南大学出版社, 2005

18. [澳]约瑟芬·艾夫. 卓越服务. 北京: 旅游教育出版社, 2005

19. 邓新华. 现代酒店服务与管理. 长沙: 湖南师范大学出版社, 2000

20. 黄希庭. 心理学导论. 北京: 人民教育出版社, 2001